Karl Brunner

Der pfälzische Wildfangstreit unter Kurfürst Karl Ludwig

Karl Brunner

Der pfälzische Wildfangstreit unter Kurfürst Karl Ludwig

ISBN/EAN: 9783743378551

Hergestellt in Europa, USA, Kanada, Australien, Japan

Cover: Foto ©ninafisch / pixelio.de

Manufactured and distributed by brebook publishing software (www.brebook.com)

Karl Brunner

Der pfälzische Wildfangstreit unter Kurfürst Karl Ludwig

Der pfälzische Wildfangstreit

unter

Kurfürst Karl Ludwig

(1664—1667).

Von

Dr. Karl Brunner.

Mit einer Karte in Farbendruck.

Innsbruck.
Verlag der Wagner'schen Universitäts-Buchhandlung.
1896.

Druck der Wagner'schen Universitäts-Buchdruckerei.

Meinem hochgeschätzten Lehrer

Herrn Geheimen Hofrat Professor

Dr. Bernhard Erdmannsdörffer

in dankbarer Verehrung.

Google

Inhalt.

I. Das Wildfangsrecht und die Vorgeschichte des Wildfangstreites   1
II. Die Wiedereinführung des Wildfangsrechtes durch Kurfürst Karl Ludwig   13
III. Der Verlauf des Wildfangstreites und seine politische Bedeutung   19
IV. Der Wildfangstreit in wirtschaftlicher und sozialer Hinsicht .   43
    Beilagen I—V 55
    Karte.

Abkürzungen.

Mü. Geh. St.-A. — Münchner Geheimes Staatsarchiv.
K. GLA. = Karlsruher General-Landesarchiv.
Wzbg. A. = Würzburger Archiv.
Bbg A. = Bamberger Archiv.
Sp. A. = Speyrer Archiv.
Nbg. A. = Neuburger Archiv.
Just. C. P. = Justitia Causae Palatinae sive Defensio Juris Regalis Palatini in Homines Proprios. Diar. Europ. XII. Appendix, p. 357 ff.
Vind. = Vindiciae secundum libertatem Imperialem quorundam Electorum etc. contra Palatinum Wildfangiatum etc. Anno 1665. Diar. Europ., l. c., p. 172 ff.

Es kann nicht die Aufgabe vorliegender Darstellung des Wildfangstreites sein, zu untersuchen, auf welcher Seite Recht oder Unrecht gelegen. Dazu bedürfte es genauer Kenntnis der Bevölkerungsverhältnisse und lokalen Gewohnheiten, die aus den vorhandenen Quellen unmöglich zu gewinnen wäre — herrschte doch bei den Beteiligten selbst darüber keine volle Klarheit. Zudem erscheint diese Frage bei einem nunmehr völlig antiquirten Recht überhaupt unmaßgeblich.

Zwei andere Gesichtspunkte sind es, unter denen betrachtet der Wildfangstreit Interesse gewinnt für den Historiker wie für den Nationalökonomen: In welchem Zusammenhang steht der historische Verlauf des Wildfangstreites mit der politischen Bewegung der Zeit und worin liegt die wirtschaftliche und finanzielle Bedeutung der Wildfangsfrage?

Man wird der Detailforschung nicht die Berechtigung absprechen, auch nicht einer so speziellen wie der unsrigen, wenn sie nur den großen Zusammenhang nicht verliert. Jede Regung politischen und sozialen Lebens, selbst die kleinste, entstammt dem Boden ihrer Zeit und kann nur im Hinblick auf diese verstanden werden. Es galt daher zu zeigen, wie die Anfänge des Wildfangstreites in der politischen und staatsrechtlichen Entwicklung Deutschlands begründet sind, und wie sein Verlauf und Abschluß nicht minder ein Zeitbild im kleinen darstellen, an dem vielleicht manche Züge beachtenswert erscheinen.

Die Bedeutung der ganzen Frage liegt aber auf dem wirtschaftlichen Gebiet. Dies mußte darum, so weit die Quellen reichten,

eingehend berücksichtigt werden. Auch hier war es erforderlich nach=
zuweisen, wie die Wiedereinführung und Ausübung des Wildfangs=
rechtes der gesamten Reformthätigkeit Karl Ludwigs entspricht, die,
längst als musterhaft anerkannt [1]), auch nach dieser Seite hin beleuchtet
zu werden verdient.

Auf eine Darstellung des Ursprungs und der Entwicklung des
Wildfangsrechtes konnte hier nicht eingegangen werden. Eine solche
erscheint mir nur möglich auf Grund genauer Prüfung des fran=
zösischen Fremdenrechtes, über das bereits hinreichend Auf=
schluß gegeben ist [2]). Das ‚droit d' aubaine' bietet so viele Beziehungen
zum Wildfangsrecht, selbst in der Bezeichnung der charakteristischen
Begriffe, daß notwendig ein enger Zusammenhang bestehen muß [3]),
der sicher auf gemeinsamen Ursprung aus altgermanischen Rechts=
zuständen zurückgeht [4]). Eine Untersuchung darüber soll an anderer
Stelle folgen.

Zum Schlusse spreche ich Herrn Geheimen Hofrat Professor
Dr. Erdmannsdörffer für die Anregung zu dieser Arbeit, den Archiv=
verwaltungen in München (Geheimes Staatsarchiv und Reichsarchiv),
Karlsruhe, Würzburg, Bamberg, Speyer und Neuburg, sowie den
Herren Direktor der kgl. bayr. Hof= und Staatsbibliothek Dr. von Laub=
mann, Professor Dr. Wille (Universitätsbibliothek Heidelberg) und
Oberbibliothekar Dr. Schnorr von Karolsfeld (Universitätsbibliothek
München) für ihre freundliche Unterstützung meinen Dank aus.

---

[1]) Vgl. K. Fr. Hanser, Deutschland nach dem dreißigjährigen Kriege.
Leipzig und Heidelberg 1862, S. 227 ff.

[2]) S. S. 2, Anm. 1.

[3]) Darauf ist neuerdings hingewiesen worden von P. Viollet, Histoire
du droit civil français. 2. éd. Paris 1893, p. 365 ff.

[4]) Einer persönlichen Mitteilung des Herrn Geheimen Justizrates Pro=
fessors Dr. Felix Dahn verdanke ich den Hinweis auf die Bedeutung des
Strandrechtes für die Entwicklung des Wildfangsrechtes. Vgl. auch seine
Urgeschichte der germanischen und romanischen Völker. Bd. IV. S. 55.

I.

Das Wildfangsrecht und die Vorgeschichte des Wildfangstreites.

Neben dem allgemeinen Leibeigenschaftsrecht, das dem Landesherrn die mehr oder minder freie Verfügung über einen Teil seiner Unterthanen zuerkannte, gab es noch ein besonderes, dessen Ausübung nicht an die einzelnen Territorien gebunden war, sondern dem staatlichen Oberhaupte der Nation zustand. Es betraf dies die Fremden, die in ein bestimmtes Rechtsverhältnis zu dem Staate treten mußten, in dem sie sich dauernd niederließen. Wie zu allen Fragen dem Auslande gegenüber nicht ein einzelner Territorialherr, sondern der Vertreter der gesamten Nation Stellung zu nehmen hat, so ist auch für den Ausländer der König der Bürge seines Rechtsschutzes, der ihm als Fremden im Rechtsstaate zunächst versagt sein muß. Dafür gibt er sich seinem Schützer mit Gut und Leben zu eigen, d. h. er leistet diesem die gewohnheitsmäßigen Pflichten, die jeder andere Leibeigene seinem Landesherrn schuldig ist. Dies ist der Grundgedanke des Fremdenrechtes, des droit d'aubaine (jus albinagii) in Frankreich, des Wildfangsrechtes (jus wildfangiatus) in Deutschland. So lange es überhaupt eine Leibeigenschaft gab, so lange bestand auch dies königliche Vorrecht hier wie dort. Aber während in Frankreich seine Entwicklung als ein wesentlicher Faktor in der Geschichte des Kampfes zwischen Feudalität und

Königtum klar hervortritt ¹), liegt für die deutsche Rechtsgeschichte die ganze Frage noch im Dunkeln. Wohl versuchen Streitschriften und Dissertationen, Wörterbücher und Chroniken des 17. und 18. Jahrhunderts die manigfaltigsten und wunderlichsten Deduktionen für den Ursprung des Wildfangsrechtes, aber keine einzige davon kann heute mehr den Anspruch machen ernst genommen zu werden.

Erst zu einer Zeit, da sich der deutsche König fast aller seiner königlichen Vorrechte zugunsten der Fürsten begeben hatte, taucht das Wildfangsrecht in Deutschland wieder auf — auch dieses schon nicht mehr als Regal des Königs. Aber nicht den Fürsten hat er es schlechthin preisgegeben wie manches andere, er hat es seinem Vikar, dem Pfalzgrafen bei Rhein, übertragen, es in seinem Namen zu verwalten. Damit bleibt das königliche Vorrecht den Fremden gegenüber in seiner Idee erhalten; und weil es nicht in den Händen des Königs selbst mehr liegt, so entgeht es auch dem Schicksal der übrigen Oberhoheitsrechte desselben: es bleibt bestehen, und als Rest einstiger Machtstellung des Königs ragt es hinein in die längst von oberherrlicher Autorität losgelösten Territorialherrschaften. Daraus erklärt sich auch die Thatsache, daß das Privilegium trotz aller begründeten Rechtsansprüche und kaiserlichen Bestätigungen eigentlich niemals unbestrittene Anerkennung gefunden hat. Die Geltendmachung dieses Rechtes war ein Anachronismus gegenüber der territorialen Entwicklung Deutschlands. Zudem war es nicht einmal der Kaiser, der den Anspruch erhob, in den einzelnen Herrschaften seine eigenen Unterthanen zu haben, sondern ein Fürst unter Fürsten, dem man doch nicht gutwillig einräumen wollte, was man dem Kaiser längst genommen hatte ²).

---

¹) Auf ein Preisausschreiben der Académie française i. J. 1843 ist der Gegenstand mehrfach bearbeitet worden. Von den eingegangenen Abhandlungen sind im Druck erschienen: Demangeat, Histoire de la condition civile des étrangers en France. Paris 1844. Sapey, Les étrangers en France sous l'ancien et le nouveau droit. Paris 1843. Solomann, De la condition juridique des étrangers dans les législations anciennes et le droit moderne. Paris 1843.

²) Wie sehr man sich dessen bewußt war, beweist eine Äußerung der Mainzer Gesandten bei den im Sommer 1666 (vgl. S. 96) in Worms gepflo-

Wohl mag der Grundsatz, alle Fremden im Reiche gehören dem König — entsprechend dem altgermanischen Königsschutz —, ursprünglich allgemeine Geltung gehabt haben. Eine allgemeine Durchführung desselben läßt sich jedenfalls nicht nachweisen. Verschiedene Gründe, die hier nicht näher zu erörtern sind, sprechen dafür, daß es das Gebiet des fränkischen Rechtes war, auf das sich die Ausübung des Wildfangsrechtes als eines königlichen Privilegs — in den übrigen Reichsteilen scheint es frühzeitig in den Machtbefugnissen der Territorialherren aufgegangen zu sein — beschränkte. Die Verhältnisse in Frankreich berechtigen zur gleichen Annahme. Denn auch dort deckt sich im allgemeinen die Ausdehnung des fränkischen Rechtsgebietes mit der des droit d'aubaine. Der Pfalzgraf bei Rhein war Reichsvikar in den Landen fränkischen Rechtes [1]). Für diese war ihm auch die Vertretung des Kaisers in der Übung des Wildfangsrechtes übertragen worden.

Wann und in welcher Weise die Übertragung erfolgte, läßt sich nicht mit Sicherheit bestimmen. Zum erstenmal geschieht der Sache Erwähnung in einem Schreiben König Wenzels vom Jahre 1398 [2]), in dem dieser „die eigenen Leut, die man nennt die Königsleut, gesessen zwischen Mospach und Lauben [3]) und in der Gegend daselbs umb gesessen" an Kurpfalz verpfändet. Da ferner die Goldene Bulle ein derartiges Privileg für den Kurfürsten von der Pfalz noch nicht kennt — was andernfalls sicher erwähnt wäre —, so scheint sich der Übergang unter König Wenzel und seinen nächsten Nachfolgern vollzogen zu haben, und zwar ursprünglich nicht in Form einer Verleihung, sondern einer Verpfändung [4]), wie denn

---

genen Ausgleichsverhandlungen: „es were wunder, nach dem Imperatores alle Superiorität und so hohe regalia Statibus concedirten, wie sie doch ein so lüderlich recht (gemeint ist das dem Wildfangsrecht verwandte Kesslerprivileg)*) wollten reservirt und hernach Churpfalz überlaßen haben." Wzbg. A. Mainz. Corridor VIII. 68.

[1]) Goldene Bulle, Kap. 5.
[2]) Just. C. P. pars I. cap. III. § 22.
[3]) Dorf an der Grenze zwischen Hessen-Darmstadt und Erbach.
[4]) An einigen Orten war die Wildfangsgerechtigkeit auch an andere Herren

*) Darnach mußten sich die Kesselschmiede an bestimmten Orten, auch der Nachbarstaaten, der Jurisdiktion des Pfalzgrafen unterstellen.

überhaupt die finanzielle Frage bei dem ganzen Rechte obenan steht. Erst später mußte der Titel des „Vikarius des Heil. Röm. Reichs" als staatsrechtliche Grundlage dienen für den kurpfälzischen Anspruch gegenüber dem immer stärker hervortretenden Widerstand der Nachbarn. Die Pfalzgrafen selbst mochten das Seltsame und Anfechtbare in diesem Verhältnis fühlen, als sie sich immer und immer wieder vom Kaiser ihr Privilegium bestätigen ließen. Das älteste bekannte Diplom hierüber ist von Kaiser Maximilian I. ausgestellt im Jahre 1518. Ihm schließt sich eine ganze Reihe anderer an, auch noch aus der Zeit nach dem dreißigjährigen Krieg [1]).

Das Wildfangsrecht selbst ist in der kurpfälzischen Landesordnung von 1582 im „VIII. Titul, Churfürstlicher Pfaltz Regal der Bastartsfälle, auch Leibeignen Wildfänge, Königsleut, Hagestoltzen und dergleichen berührendt" verzeichnet: „Demnach weyland unsere geliebte Vorfahren, die Pfaltzgraffen Churfürsten ꝛc. als Vikarien deß Heil. Röm. Reiches von den Röm. Keysern und Königen löblich gefreyet und versehen, dessen sie auch in Possess, Nutz, Wehr und Gebrauch gewesen und noch seyen, daß alle Bastart und andere frembde Personen, Mann und Frauen, so keinen nachfolgenden Herren haben [2]), niemand außgenommen, als Wildfänge, so inwendig ihren Fürstenthumben und Landen, auch den beyligenden Stifften, Herrschaften, Stätten, Flecken und Gebieten, in Stätten oder auff dem Land gebohrn, oder darinnen wohnhafftig werden, ihre Leibeigene Angehörige, und daß dieselben Bastart, wo sie ohne Leibserben mit Todt abgangen seynd, deßgleichen andere, so auch keinen Erben haben, oder verlassen, in allen ihren verlassenen Haaben und Gütern, ligenden und fahrenden, auch an Schulden, Pfanden

verpfändet worden, so an einzelne Wild- und Rheingrafen, württembergische Ritter u. a. Vgl. Satler, Gesch. des Herzogt. Württemberg. X. S. 88.

[1]) Die Just. C. P. (p. I. c. III.) führt „Kayserliche Concessiones und Confirmationes" an von den Jahren: 1518, 1521, 1530, 1544, 1556, 1558, 1559, 1566, 1578, 1585, 1594, 1613, 1652, 1660.

[2]) „Qui persequentem dominum non habeut." Vgl. Du Cange s. v. albanus: „albanos praeterea vestigare et sequi possunt domini, quorum primitus et ab origine incolae sunt, hoc est, revocare in patriam." J. Grimm, Deutsche Rechtsaltertümer, S. 5.

und anderm, wo die gelegen seyn, nichts außgenommen, die sonsten nach gemeinen beschriebenen Rechten in ihrer Keyserliche Majestät und deß Reichskammer verfallen waren, an die Pfaltz als Landsfürsten geerbt seyn, und sie auch zu ihren Handen einziehen und nemmen, die gebrauchen, nutzen und niessen und in allewege damit, als andern ihren eignen Gütern nach deren Willen und Wolgefallen handlen sollen und mögen 2c. laut ferneren Innhalts ob angezogenen Keyserlichen Privilegii".

Den Fremden waren also in diesem Punkte gleichgeachtet alle unehelich Geborenen[1]) und Hagestolzen. „Wildfang" ist die amtliche Bezeichnung für den „neuen Leibeigenen"[2]), d. h. für den Fremden, der nach einem Aufenthalt von Jahr und Tag an einem Orte, wo das Privileg gilt, dem Pfalzgrafen als Leibeigener verfallen ist. Nach Ablauf dieser Frist, innerhalb deren der Einzelne frei wieder abziehen oder auch von seinem früheren Herrn zurückgefordert werden konnte, kam der Büttel und sprach: „Ich nehme euch im Namen meines gn. Churfürsten zum Wildfang und begehre von euch den Fahegülben" (Fanggulben, florenum receptionis)[3]). Zugleich forderte er den Eid der Treue von ihm und trug seinen Namen in das sog. Leibsbeeth-Register ein. Durch diesen Akt war der Fremde, mochte er vorher frei oder unfrei gewesen sein, samt seiner Familie für alle Zeiten kurpfälzischer Leibeigener geworden. Das Wort „Wildfang", das der heutige Sprachgebrauch in ähnlicher Bedeutung noch kennt, bezeichnet hier einen recht- und herrenlos „in der Wilde herumirrenden aufgefangenen Menschen[4])." Genau denselben Begriff

---

[1]) Wie auch in der franz. Rechtsgeschichte droit d'aubaine und droit de bâtardise in enger Beziehung zu einander stehen. Vgl. L. A. Warnkönig und L. Stein, Franz. Staats- und Rechtsgesch. I. S. 631 f.

[2]) Just. C. P. l. c. II. § 2. Phil. Andr. Burgoldensis, Discursus juridico-politico-historici I. p. 463: „novitii homines proprii ibi Wildfangii", veterani autem simpliciter „homines proprii" appelluntur, ut adeo fiant homines proprii, qui dein nascuntur ex Wildfangiis."

[3]) Burgold. a. a. O. p. 464 f.

[4]) J. Grimm, a. a. O., S. 327; hier sind noch andere gleichbedeutende Ausdrücke aufgeführt, wie Wildfliegel, Bachstelzen. Vgl. ebenda, S. 396 f. gargangus, wargangus (langobard. Ges.), vargus (lex. Sal.), vergenga (agf.), cameitgengo-(gyrovagus) (ahd.).

verbindet die französische Rechtsgeschichte mit dem Ausdruck „épave" (espavus, entstanden aus expavefactus) [1]). Die Bezeichnung „Wildfang" war jedoch nicht allgemein. Je nach den verschiedenen Orten hießen die neuen Leibeigenen „herkommende Leut" [2]), „Königsleute" (z. B. in den Oberämtern Germersheim, Mosbach, Heidelberg), „Reichsleute" (im Oberamt Oppenheim), „Klosterleute", ursprünglich Klöstern übertragen, nach deren Säkularisation im 16. Jahrhundert sie entweder pfälzische Leibeigene wurden oder die volle Freiheit erlangten [3]), „St. Petersleute" (im Oberamt Simmern), „Außleute" speziell in den „Außdörfern" (außerhalb des pfälzischen Landes) u. a.

Die Rechtsverhältnisse der „Wildfänge" waren um nichts besser oder schlechter als die der übrigen pfälzischen Leibeigenen. Loskaufung war bei Männern selten, bei Frauen überhaupt nicht gestattet. Zugleich war ihnen die Freizügigkeit fast vollständig genommen, was um so empfindlicher sein mußte, als die Gewohnheit nach und nach auch das benachbarte deutsche Territorium als Ausland im Sinne des Wildfangsrechtes ansah. Eine Menge von Verpflichtungen legte ihnen ihr Stand auf. Beispielsweise mögen hier die „Specific. Jura von Churpfalz im Oberamt Alzey (ratione des Wildfangs und der Leibeigenschaft)" [4]) folgen:

„1. Wildfangsgerecht (Fanggulden), 2. Bastartfäll, 3. Ungenossen, 4. Bona vacantia der Leibeigenen, 5. Huldigung, 6. Schatzung, Fräuleinsteuer (Beitrag zur Ausstattung eines herrschaftlichen Fräuleins), Holzgeld, Legationskosten (Beitrag zu den Kosten der Reise des Kurfürsten oder seiner Deputirten zum Reichstag), 7. Leibsbeeth, 8. Hauptrecht, 9. Pfandung, 10. Frohn, 11. Reiß, Folg, Musterung, 12. Bevormundung, 13. Rechnungsverhör, 14. Inventation (der Güter zum Zweck der Kontrolle bei Erbschaften), 15. Theilung, 16. Entscheidung in Theilungssachen, Ausschatzung der Creditor-

---

[1]) Demangeat, a. a. O., p. 69: „C' était proprement ainsi que l'on désignait les animaux effarouchés qui s'étaient éloignés de leur troupeau, et dont on ne connaissait pas le maître." Du Cange, s. v. espavus, espaveyus.
[2]) Vgl. J. Grimm, a. a. O., S. 5. 397.
[3]) Sp. A. Kurpfalz saßz. 37.
[4]) K. GLA. Pfalz Gen. Leibesherrschaft 4486.

sachen, 17. Ablauf der Leibeigenen, 18. Citation, 19. Evocation, 20. Gebott und Verbott¹), 21. Nachsteuer (bei Auswanderung), 22. Nachfolg (Rückberufung eines Ausgewanderten)."

Dies zur allgemeinen Beurteilung der Stellung der Leibeigenen ihrem Herrn gegenüber, die im Grunde überall die gleiche war, wenn auch die einzelnen Befugnisse des Kurfürsten je nach Ort und Gewohnheit oft recht verschieden sein mochten.

Drei Forderungen aber waren dem Wildfangsrecht an allen Orten²) gemeinsam, sie bildeten den Grundzug desselben: „Leibsbeeth", „Ungenossen" und „Hauptrecht". Die „Leibsbeeth" oder der „Leibzins" war eine jährliche Abgabe in Geld oder Naturalien, meist Hühnern³). Die „Ungenossen" hieß die Entschädigungssumme, welche jeder männliche Leibeigene zu entrichten hatte, der eine Freigeborene oder die Leibeigene eines anderen Herrn heiratete, dafür, daß seinem Herrn die Nutznießung seiner Kinder entzogen wurde; denn diese folgten dem Stande der Mutter⁴), der Vater aber blieb nach wie vor pfälzischer Eigener. Das „Hauptrecht" hatte ursprünglich dem Leibesherrn die freie Verfügung über den Nachlaß der Fremden zugesprochen. Dieselben waren weder fähig zu erben noch zu vererben⁵). Später wurde diese Bestimmung dahin gemildert, daß der Nachlaß nicht an Erben im Auslande verabfolgt werden dürfe, und bald beschränkte sich das Erbrecht des Herrn nur noch auf den sogenannten „Sterbefall" (mortuarium)⁶), wie er ihn bei allen Leibeigenen genoß.

---

¹) Vgl. u. S. 54.

²) Auch in Frankreich: droit de chevage, dr. d. formariage, dr. d'aubaine. Vgl. Demangeat, a. a. O. p. 100 ff., Sapey, a. a. O. p. 55 f.

³) Leibs-, Haupt- oder Zinshuhn genannt, auch Fastnachts-, Pfingst-, Herbsthuhn u. a., je nach der Zeit der Abgabe. Die Steuer hieß auch „Cappensteuer" (Capaun). Im Ingelheimer Grund bestand die besondere Bestimmung: „Jeder gibt Jährlichs ein huen, aber Eheleute eins zusammen; wo aber die Frau bey sammlung der hüener im kindsbett, liefert sie nur den hüenerkopff." K. GLA. Pf. Gen. Lbsh. 4542.

⁴) „Das kind folget dem busen (partus sequitur matrem)." J. Grimm, a. a. O., S. 325.

⁵) Vgl. Demangeat, a. a. O. p. 107 f.

⁶) S. J. Grimm, a. a. O., S. 364 ff., wo ausführlich darüber gehandelt ist, und S. 946. Vgl. R. Schröder, Lehrbuch der deutschen Rechtsgeschichte. 2. Aufl. Leipzig 1894, S. 515.

Darnach gebührte ihm beim Tode des Mannes das „Besthaupt" (das beste Stück Vieh), beim Tode der Frau das „Watmal" (das beste Gewand). Später wurde diese Abgabe in Geld umgewandelt, über dessen Betrag sich die Erben mit dem Herrn verglichen. Man nannte dies „das Hauptrecht theidigen"[1]). Nur in die bona vacantia trat der Pfalzgraf als Universalerbe ein[2]).

Nicht überall im pfälzischen Lande und in den unter das Privileg fallenden Orten der Nachbarschaft bestanden die gleichen Bedingungen für die Niederlassung der Fremden. Es gab bezüglich der Leibeigenschaft drei Klassen von Ortschaften[3]): In der ersten, wo man überhaupt keine freien Einwohner kannte, wurde jeder, der sich dort häuslich niederließ, leibeigen. Es galt der Grundsatz: „Die Luft macht eigen"[4]) Die zweite Gattung von Orten beließ die Neuangesiedelten in ihrem bisherigen Stand der Freiheit oder Un= freiheit. Hier wie dort also war dem Fremden der Einzug gestattet. Nach Jahr und Tag wurde er Leibeigener. Eine dritte Klasse, die der sogenannten „Freiortschaften", nahm ausschließlich Freie auf; jeder Fremde wurde zurückgewiesen, der nicht einen Freischein oder ein besonders Privileg, wie sie in späterer Zeit häufig erteilt wurden[5]), besaß. In manchen Gegenden galten die, „so über Berg oder schiff= reich Wasser kommen", schon als Fremde, in anderen nur die, „so über den Rhein rüber sich zu wohnen begeben"[6]).

Wie weit sich das pfälzische Wildfangsrecht erstreckte, ist aus der Fassung der kaiserlichen Bestätigungen und der pfälzischen Landes= ordnung nicht ersichtlich; denn der Begriff „beyliegende Stiffte 2c." ist sehr dehnbar. Doch läßt sich die Anwendung des Privilegs aus urkundlichen Aufzeichnungen im allgemeinen feststellen. Sie umfaßt

---

[1]) Just. C. P. I. c. II. § 7.
[2]) Churpf. Landesordnung Tit. VIII. S. o. S. 4 f.
[3]) Bericht des Archivars Günther v. 8. Jänner 1771 über Leibeigenschafts= recht. Sp. A. Kurpf. fasz. 37.
[4]) J. Grimm, a. a. O., S. 327. 399.
[5]) J. B. „Müller und Hirten sind des Wildfangs befreit" K. GLA. Pf. Gen. Lbsh. 4588. Wenn Leibeigene bei Verheiratung u. a. nach solchen Orten verzogen, so wurden sie, falls ihnen dies überhaupt gestattet wurde, freigelassen, jedoch nur auf die Dauer ihres dortigen Aufenthaltes. K. GLA. a. a. O. 4507.
[6]) Wzbg. A. Mainz. Corrib. VIII. 146.

das kurpfälzische Gebiet mit Einbeziehung der zahlreichen Enklaven fremder Territorien und mit Abrundung der vielverschlungenen Außengrenzen. Weit über diese hinaus hat sich das Wildfangsrecht nicht erstreckt.

Es werden davon berührt die Bistümer Worms und Speyer fast vollständig — doch milderten hier schon frühzeitig besondere Verträge die strenge Durchführung des Privilegs, so in den „neun Königsdörfern" speyrischen Amts Lauterburg, wo dem Bischof von Speyer die Hälfte der Leibeigenengefälle zukam —; das Erzstift Mainz mit den Enklaven zwischen Alzey und Kreuznach (Gaubickelheim, Bodenheim, Bübesheim ꝛc.) und zwischen Alzey und Osthofen (Dorf Westhofen), den Gebieten am linken Rheinufer, dem sogenannten Ingelheimer Grund und weiterhinab dem Streifen bis nach Lorch (Hauptort Bingen), den Besitzungen bei Boxberg; das Erzstift Trier nur mit einem kleinen Landstrich an der Westgrenze von Pfalz-Zweibrücken und mit dem Dorfe Partenheim, das Herzogtum Lothringen mit der Grafschaft Falckenstein, das Bistum Straßburg mit einer Enklave bei Frankenthal (Hauptort Gerolzheim); die Grafschaft Nassau mit den Enklaven zwischen Mainz und Alzey und zwischen den Territorien Leiningen und Falckenstein, sowie mit einigen Grenzorten; die Grafschaft Sponheim; das Herzogtum Zweibrücken; die Gebiete der Wild- und Rheingrafen, wie der Ritterschaft am Rheinstrom: das dem Johanniterorden eigene Haus Heimbach (südöstlich von Birkenfeld); endlich mit geringem Anteil die Landgrafschaften Hessen-Kassel und Hessen-Darmstadt; die Grafschaft Erbach; das Bistum Würzburg (Dorf Muckenloch); das Herzogtum Würtemberg; die Markgrafschaft Baden; die Abtei Weißenburg [1]).

Allenthalben in den „Außdörfern" saßen pfälzische Unterbeamte, „Auß- oder Hühnerfaute", welche die Leibeigenen in der Erfüllung ihrer Pflichten zu überwachen und die kurpfälzischen Interessen der fremden Regierung gegenüber zu vertreten hatten. Daß es dabei auf beiden Seiten häufig zu Übergriffen und Conflikten kommen mußte,

---

[1]) Vgl. beiliegende Karte, welche mit Benützung der Homann'schen Karte von der Pfalz und des betreffenden Blattes aus dem histor. Handatlas von v. Spruner-Menke (Deutschland nach dem Westphälischen Frieden bis 1742) und auf Grund archivalischer Nachrichten hergestellt wurde.

lag sehr nahe bei der ganzen Art des Privilegs, das außerdem in höchst unbestimmter und vielfach zweifelhafter Form auftrat. Die ganze Geschichte des pfälzischen Wildfangsrechtes ist darum auch, so weit wir sie kennen, zugleich eine Geschichte des Wildfangstreites, ja erst durch den Streit haben wir Kenntnis von der Sache selbst erlangt.

In den vielfachen Differenzen, welche Pfalz mit seinen Nachbarn wegen dieses Privilegs hatte, fand sich doch schließlich immer wieder ein für beide Teile befriedigender Ausweg. Weit ernster wurde der Conflikt, als die Beteiligten unter kraftvoller Leitung geschlossen und mit bewaffneter Hand für ihre Ansprüche eintraten. Dieser kleine Krieg, als der eigentliche „Wildfangstreit" bekannt und berüchtigt, soll den Hauptgegenstand dieser Abhandlung bilden. Zum vollen Verständnis der ganzen Frage aber erscheint eine kurze Darstellung der Vorgeschichte desselben unerläßlich.

Die weitläufigen Ausführungen der Justitia Causae Palatinae (l. c. IV.), auf die sich auch Häusser (Geschichte der Rheinischen Pfalz, II., S. 620) stützt, als sei der Gebrauch des Rechtes stets unbestritten geschehen, entsprechen durchaus nicht dem wahren Sachverhalt. Denn trotz aller dort angeführten „Bewilligungen und ungezweifelter Approbationes" der Reichsstände beweisen zahlreiche Akten verschiedener Archive [1]) das gerade Gegenteil. Es kann nicht meine Aufgabe sein, die Behauptungen dieser umfangreichen, sehr beachtenswerthen pfälzischen Staatsschrift im einzelnen zu widerlegen. Hier genüge es darauf hinzuweisen, daß die Just. C. P. als Abwehr eines heftigen, zum Teil gehässigen Angriffes seitens der Gegner [2]) stark parteiisches Gepräge zeigt. Die Bewilligungen und Verträge, die dort als Beweise für die unwidersprochene Anerkennung dienen, sind im geschichtlichen Zusammenhang betrachtet weiter nichts als die Ergebnisse langer Streitigkeiten oder auch bloße Ruhepausen im Kampfe.

Einen Hauptanlaß zu Irrungen gab die fast allgemeine Unklarheit der pfälzischen Beamten über ihre Befugnisse und der Leib-

---

[1]) Besonders kommt hier in Betracht: Wzbg. A. Mainz. Corrib. VIII, 136, 146, 147; Bbg. A. S. V. K. 52. F. 1; K. GLA. Pf. Gen. Lbfh. 4540. 4542.

[2]) S. u. S. 34.

eigenen über ihre Pflichten. Da sich beide in den meisten Fällen nur auf die Gewohnheit berufen konnten, so suchten begreiflicher Weise die einen das Recht immer mehr auszudehnen, die andern aber es einzuschränken, beide unterstützt von ihren Regierungen. War schon dadurch das gegenseitige Verhältnis ein sehr gespanntes geworden, so mußte es zu offenem Streite kommen bei den häufigen Übergriffen, die sich die pfälzischen Außsaute, teils mit, teils ohne ihres Kurfürsten Vorwissen in die Rechte der Territorialherren nach und nach er=laubten. Die Folge davon war, daß diese den pfälzischen Leibeigenen als ihren Unterthanen die Entrichtung jeglicher Abgabe an Kurpfalz bei Strafe verboten. Die Verwirrung war oft unbeschreiblich groß. In der genauen Scheidung der Gerechtsame des Landesfürsten und des Leibesherrn lag die größte Schwierigkeit; und diese ward noch erhöht durch die zweifelhaften Grenzverhältnisse, wie sie vielfach in den rheinischen Territorien bestanden.

Umfangreiche Schriftstücke wurden von den streitenden Parteien gewechselt, mitunter auch Gutachten von Rechtsgelehrten[1] eingeholt, bis es zu einem friedlichen Austrag kam. Dieser gründete sich in der Regel nur auf die Aussagen der ältesten Leute im Orte, die über die früher geübte Gewohnheit amtlich befragt wurden. Nicht selten wird bezeugt, „daß das Recht strittig war seit Menschen=gedenken".

Da auf solche Weise wiederum keine festen Rechtsverhältnisse geschaffen waren, konnte der Vergleich auch nicht von langer Dauer sein. Neue Reibungen folgten, darnach lange Verhandlungen, endlich wieder ein Vertrag, der den gleichen Erfolg hatte. Pfalz blieb dabei nicht immer der gewinnende Teil, sondern sah sich oft auch zu Con=zessionen genötigt. Bald wurden einzelne Befugnisse über die Leib=

---

[1] Bemerkenswert ist das Gutachten des Dr. Joh. Schöner vom 17. April 1598. Bbg. A. S. V. K. 52. F. 1. Sch. erklärt, das Wildfangsrecht sei dem Pfalzgrafen als Reichsverweser wie ein Lehen des Reichs übertragen worden zum Dank für die Verdienste seines Hauses. Kein Lehensmann aber dürfe sein Lehen deteriorieren, er wolle sich denn dessen verlustig machen. Die Ausübung des Rechtes gelte, als geschehe sie vom Kaiser. Doch könne in den vom Privileg berührten auswärtigen Orten kein Herr ge=zwungen werden Fremde aufzunehmen.

eigenen dem Gegner eingeräumt, bald ganze Ortschaften ihm überlassen. Den größten Anteil an dem pfälzischen Regal erlangte auf diese Weise der Bischof von Speyer in den Verträgen von 1415, 1491, 1521, 1607. Von den übrigen sei der Landgraf von Hessen erwähnt, dem der Vergleich von 1489 alle edlen Bastarde in der Obergrafschaft Katzenellenbogen zuerkannte, während Pfalz die uneblen behielt. So ergab sich mit der Zeit eine große Verschiedenheit der Gerechtsame des Pfalzgrafen in den einzelnen Außdörfern, wodurch eine sorgfältige Trennung der Unterthanen- und Leibeigenenpflichten wesentlich erschwert wurde.

Am meisten Widerstand fand der pfälzische Anspruch von jeher in Mainz. 1454 war ein Zwist um die Zuständigkeit der Bastardfälle entstanden, die durch ein Schiedsgericht sämtlich Kurpfalz zugesprochen wurden. Im 16. Jahrhundert nahmen die Streitigkeiten zwischen den beiden Regierungen kein Ende und gewannen namentlich unter den Erzbischöfen Daniel und Wolfgang eine solche Ausdehnung, daß mehrmals der Kaiser und das Kammergericht um Entscheidung angerufen werden mußten. U. a. kam 1587 ein Vergleich zustande, der den beiderseitigen Unterthanen unbedingte Freizügigkeit gewährte. Außer den gleichfalls endlosen Differenzen mit den Stiftern Speyer und Worms sind noch bemerkenswert die Streitfälle mit dem Markgrafen von Baden (1480), mit dem Grafen von Nassau (1517, 1579, 1615), mit dem Abt zu Weißenburg (1502), mit der Herrschaft von Falckenstein (1538) 2c. Im Anfang des 17. Jahrhunderts trat die Reichsritterschaft am Rhein und in Franken beim Kaiser mit Klagen gegen den Pfalzgrafen auf, der sich in ihren Gebieten die landesherrliche Jurisdiktion angemaßt habe.

So dauerten die Zwistigkeiten fort, bis ihnen der Ausbruch des dreißigjährigen Krieges zunächst ein Ende machte.

II.

Die Wiedereinführung des Wildfangsrechtes durch Kurfürst Karl Ludwig.

Von der völligen Aussichtslosigkeit ferneren Widerstandes überzeugt, hatte Karl Ludwig den für sein Haus so demütigenden Frieden angenommen. Aber mit dem Grundsatze „Sedendo non cedo"[1]) war er in das Land seiner Väter eingezogen. Der Übermacht seiner Gegner hatte er sich gefügt „des Friedens wegen", weiter ging er nicht. Er war entschlossen, das, was man ihm gelassen, nun auch in seinem ganzen Umfange festzuhalten und jegliche daraus abzuleitenden Ansprüche mit allem Nachdruck geltend zu machen. Mitten unter den fortwährenden Streitigkeiten der deutschen Fürsten in diesem Zeitalter, wo es sich oft um recht kleinliche Dinge handelt, erscheint das Auftreten des vielgehaßten Pfalzgrafen als das Ringen eines stolzen, schwer beleidigten Fürsten um die Ehre und Machtstellung seines Hauses. Und es ist, als ob er zur Entschädigung für alle seine Verluste das ihm gebliebene Land doppelt reich und glücklich gestalten wollte. In seinen Mitteln aufs äußerste beschränkt, nahm er mit Eifer jede Gelegenheit wahr, die sich zur Mehrung derselben ihm darbot.

Von diesen Gesichtspunkten aus muß die ganze Thätigkeit Karl

---

[1]) Inschrift der auf den westfälischen Frieden geprägten Denkmünze Karl Ludwigs. S. (Ludw. Wundt), Versuch einer Geschichte des Lebens und der Regierung Karl Ludwigs. Genf 1786. Beil. IV.

Ludwigs beurteilt werden ¹). So läßt sich sein leidenschaftliches Eintreten für manche veraltete Rechtsansprüche, seine nachdrückliche Betonung oft rein äußerlicher, unbedeutender Vorrechte verstehen, nur so auch sein energisches Zurückgreifen auf das halbverschollene Wildfangsrecht, dessen Übung ihm nicht nur große materielle Vorteile bringen, sondern auch unter den Reichsfürsten eine Ausnahmestellung verleihen mußte, die er als Rest einstigen Vorranges seinem Hause wohl zu sichern strebte ²).

Nichts lag ihm ferner, als seinen Unterthanen, denen er alle möglichen Erleichterungen gewährte, neue Lasten aufzubürden; aber die Wiedereinführung dieses Rechtes mußte ihm um so geratener erscheinen, als ihm dadurch eine Menge von dienst- und steuerpflichtigen Leuten zugeführt, den benachbarten Herren aber entzogen wurde. Dieselben waren einem ansehnlichen Kapital gleichzuachten, das reichliche Zinsen für die ohnedies recht bedürftige Staatskasse abwerfen konnte. Und gerade damals war diese Einnahmequelle besonders vielversprechend bei der starken Einwanderung, die allenthalben in die entvölkerten Lande stattfand. Wohl gab es ein Mittel für die beteiligten Herrschaften den kurpfälzischen Einfluß von ihrem Machtbereich fernzuhalten: sie hatten das Recht — dies war von juristischer Seite wiederholt betont worden — Fremden die Niederlassung in den pfälzischen Außdörfern zu verbieten; aber wer mochte jetzt davon Gebrauch machen, wo man des Zuwachses so dringend bedurfte?

---

¹) Vgl. dagegen Ludwigs XIV. Urteil über Karl Ludwig (Guhrauer, Kurmainz in der Epoche von 1672, II. S. 306 f.): ... son esprit, d'ordinaire changeant, fâcheux et pointilleux .... comme c'est un esprit peu ferme dans ses amitiés, fort intéressé, et tellement appliqué pour cette raison-là à tourmenter et à chicaner tous ses voisins et la noblesse de l'Empire, qu'il en tombe dans une haine générale, qui se communiquerait à ses Protecteurs dans des causes le plus souvent injustes, où il s'embarasse.

²) Daß Karl Ludwig darauf Wert legte, zeigt seine 1665 an Dr. Peil erteilte Instruktion für den Regensburger Reichstag (K. GLA. Pf. Gen. Lbsh. 8226): Nach Aufhebung dieses Regals bleibe „alßdann kein facies Imperii dieser orthen mehr übrig, und die Pfalzgrafen wären nicht mehr Pfalz-, sondern nur schlechte Grafen."

Des Kurfürsten Absicht ging allein auf die „Wildfänge" der Nachbarstaaten. Für sein Land wollte er gerne auf diese Einnahmequelle verzichten¹). Denn er hatte wohl berechnet, daß ihm diese nicht die großen wirtschaftlichen Vorteile ersetzen könne, welche ein starker Fremdenzuzug für sein im Kriege ausgesaugtes und entvölkertes Land, zumal für den schwer darniederliegenden Acker- und Weinbergbau, bringen mußte. Weitgehende Privilegien, die die Fremden so gut wie die Einheimischen nicht nur von einzelnen Abgaben, sondern in gewissen Fällen von „allen Beschwerungen, wie die auch Namen haben mögen", auf einige Zeit freisprachen²), begünstigten die Einwanderung in die pfälzischen Lande außerordentlich. Je mehr aber Karl Ludwig seine Rechte auf die Fremden in den Nachbargebieten betonte, um so mehr Lasten mußten diesen daraus erwachsen, um so drückender mußte ihnen ihre Lage dünken gegenüber den in Kurpfalz Angesessenen. Und für die Wiederherstellung des Wildfangsrechtes, besonders aber für die oft schroffe Durchführung desselben, dürfte neben der Hauptrücksicht auf die Staatskasse mehr oder weniger auch der Gedanke maßgebend gewesen sein, die Ansiedlung im pfälzischen Lande verlockender erscheinen zu lassen als im benachbarten³).

Bald nach seinem Regierungsantritt nahm denn auch Karl

---

¹) Eine Denkschrift von 1668 (K. GLA. Pf. Gen. Lbsh. 6137 Nr. 30) — vgl. E. Gothein, Bilder aus der Kulturgeschichte der Pfalz nach dem dreißigjährigen Kriege. Bad. Neujahrsbl. V. Karlsruhe 1895, S. 15 — gibt den jährlichen Ertrag der pfälzischen Leibeigenschaft auf kaum 500 fl. an, wahrlich eine verschwindend kleine Summe im Vergleich zu den hohen Ziffern, welche die Listen der Außsaute aufweisen.

²) Die „Edictalcitation vom 7. May 1650" (wiederholt am 4. März 1658) verfügte, daß allen denjenigen, die alte Häuser ausbesserten, auf zwei, denjenigen aber, die neue errichteten, auf drei Jahre die Häusersteuer erlassen werden solle. Wer ganz wüste Äcker bebaue, solle auf drei, wer wüste Weinberge wieder herstelle, auf sechs Jahre gänzlich steuerfrei sein. Vgl. die großen Vergünstigungen, welche den französisch-reformirten Emigranten aus den Luzernerthälern in Piemont für ihre Kolonie in Mörlenheim bei Germersheim gewährt wurden. S. Ludw. Wundt, a. a. O. Beil. VII.—IX.

³) Thatsächlich wandern zahlreiche Familien — oft aus einem Dorfe 10 — aus mainzischem in pfälzisches Gebiet „Jhres eingebildeten privat Nutzens undt besseren Außkommens halber." Wzbg. A. Mainz. Corrib. VIII. 136.

Ludwig die Erneuerung seines wohlverbrieften Rechtes energisch in
Angriff. Er ließ sich Gutachten seiner Räte darüber vorlegen und
gleichzeitig Nachforschungen in den Archiven der einzelnen Ämter
anstellen über den Umfang und die Art der Ausübung in früheren
Zeiten. Unter den eingelaufenen Gutachten ist das des kurfürst=
lichen Rates Otto von Hamme [1]) von hervorragendem Interesse. Es
zeigt, wie dabei noch andere Rücksichten neben den angedeuteten mit=
spielten oder doch in Betracht gezogen wurden. Auf alle Fälle sei
es gut, meint Hamme, das alte Regal wieder in Gang zu bringen,
auch wo es weniger einträglich wäre — denn „die Königsleuthe
kommen fast den eigenen Unterthanen gleich" —, „zumahlen
weilen dadurch der Benachbarten Vorhaben nicht
allein jederzeit erkundigt, sondern auch deren Gewalt
zimblich geschwecht wirdt".... „dieweilen aber zu besorgen,
wann man dieses werk an allen orthen zugleich ahnfangen sollte,
es würden sich die Benachbarte insgesambt dagegen verbinden undt
mit gewalt widersetzen, sonderlich so viel die wildfänge betrifft, weiln
alles waß sich jetzt in den außdörffern von frembden setzet, zu wild=
fängen wirdt, So hielt ich ohnmaßgeblich darvor, man könte mit
dem Stift Speyer |: alß welches doch jetzo mit keinem Haupt, daß
sich Ihrer recht ahnnimbt (* undt ohne daß zimlich verhaßet, *)
versehen, (* deß Cammergerichts authorität auch noch nicht sehr
groß *) [2]) :| den ahnfang machen, in betrachtung Churpfalz in dem=
selben die meist leibeigne hatt."

Am 23. Januar 1651 erging an die kurfürstlichen Amtleute
der Befehl, alle Kurpfalz zuständigen Leibeigenen und Wildfänge
aufzusuchen und die schuldigen Leistungen ihnen abzufordern [3]). Als=
bald machten sich die Beamten an die Arbeit; die Schultheißen wurden
angewiesen Verzeichnisse der Leibeigenen in ihren Orten einzureichen,
die Amtsdiener zur Erkundigung derselben ausgesandt. Allein die
Aufgabe war nicht leicht. Einmal mangelte die Unterstützung der
fremden Behörden, von der die kurfürstliche Instruktion spricht, voll=

---

[1]) K. GLA. Pf. Gen. Lbsh. 4542.
[2]) Diese Stellen — (*...*) — sind von zweiter Hand durchstrichen.
[3]) S. Beil. I.

ständig; diese wurden vielmehr nicht selten direkt zum Widerstand gegen das pfälzische Unternehmen aufgefordert, so besonders im Erzstift Mainz. Dann bot die Erneuerung des vielfach auf Gewohnheit gegründeten, in den Wirren des Krieges fast vergessenen Rechtes erhebliche Schwierigkeiten. Zwar war die Ausübung desselben auch unter der bayrischen und spanischen Regierung niemals ganz unterblieben [1]. Man hatte sich diese Geldquelle wohl offen zu halten gewußt. Allein von regelmäßiger Beachtung der lokalen Gewohnheiten kann keine Rede sein. Auch war durch Auswanderung, zahlreiche Sterbefälle und andere Folgen der langen Kriegsnot eine solche Verschiebung der Bevölkerungsverhältnisse eingetreten, daß eine genaue Feststellung der früheren Zustände überhaupt nicht möglich war. Dazu kamen noch besondere Ansprüche der Nachbarn, die sich auf angeblich im Kriege erteilte kaiserliche Concessionen stützten.

Karl Ludwig dagegen berief sich auf das Instrumentum pacis von 1648 [2] und erklärte alle anderweitigen Verpflichtungen „der Reichischen oder Schirmsangehörigen leute" gegen andere Herren für kassirt und aufgehoben. Doch Mainz gab darum seine Ansprüche noch nicht auf. Erst nach längeren Verhandlungen wurde eine Einigung erzielt im Regensburger Vergleich vom 5. Juli 1653. Der Kurfürst von Mainz entsagt jeglichem Anspruch auf das Wildfangsrecht in seinem Lande zugunsten des Pfalzgrafen bei Rhein ordert aber auch das Gleiche für seine nachweislich in Kurpfalz wohnenden Leibeigenen. In der Ausübung des Rechtes geloben sich beide Contrahenten die gegenseitige Unterstützung ihrer Behörden. Kurmainz verspricht ferner in dieser Sache mit anderen weder direkt noch indirekt ein Bündnis einzugehen und nur so weit in etwaige Streitigkeiten zwischen Kurpfalz und den Nachbarn sich einzumischen als es das Erzkanzleramt und die Würde der Reichsdirektion fordere Dieser und der 1658 in Höchst a. M. aufgerichtete Vertrag ähnlichen Inhalts hatten im Grunde die gleichen Erfolge wie alle

---

[1] Diesbezügliche Notizen: Vind., p. 197. Wzbg. A. Mainz. Corrid. VIII. 136.

[2] Dieses erkannte ihm „die Unterpfalz mit allen geistlichen und weltlichen Gütern, Rechten und Zugehörungen, sowie sie die Churfürsten und Pfalzgrafen am Rheine vor den Böhmischen Unruhen besessen" zu.

früheren. Denn die Schwierigkeiten, die eben in der Natur des Rechtes lagen, waren nicht gehoben worden. Es waren vielmehr neue hinzugetreten. Hatten schon vorher zweifelhafte Gebietsabgrenzungen öfters Anlaß zu Differenzen gegeben, so waren diese unvermeidlich nach dem Abschluß des westfälischen Friedens, der mancherlei Veränderungen in dem Besitz und den Gerechtsamen der einzelnen Territorialherren gebracht hatte, und zwar nicht immer in klar ausgesprochener Form. Mainz hatte die einst an Pfalz verpfändete Bergstraße wieder eingelöst. Aber auch der Bergsträßische Hauptrezeß von 1650 schloß nicht jeden Zweifel über die Grenzverhältnisse aus.

Die allgemeine Unklarheit über diese Dinge bildet ein wesentliches Moment im ganzen Wildfangstreit, und bei den späteren Ausgleichsverhandlungen ist die Regulierung der Grenzen eine Hauptforderung Karl Ludwigs. Die Restitution des Klosters Lorsch, das nicht mit verpfändet gewesen, also auch nicht reluirt werden könne, ist ihm „der prinzipalste Punkt, ohne den er im übrigen nicht weiter fortfahren könne" [1]).

Die Dörfer Mittershausen und Schierbach erklärten die Mainzer für mainzisch, die Pfälzer für pfälzisch. Auf der Ebernburg war die Verwirrung am größten: Sickingen war Besitzer, der Kaiser hatte das Protektorium, Pfalz das Wildfangsrecht. Als dieses nun wieder eingeführt werden sollte, traten noch Mainz, Trier und Baden mit ihren Ansprüchen auf [2]).

Wenn es trotz aller dieser Hindernisse den pfälzischen Beamten in kurzer Zeit gelang das Wildfangsrecht wieder zu einer reichen Einnahmequelle für den Staat zu gestalten, so hatten sie das nicht in letzter Linie ihrer Rücksichtslosigkeit zu danken, mit der sie oft Recht und Gewohnheit beiseite ließen, nur um von den Leibeigenen möglichst hohen Ertrag zu erzielen.

Wie die beteiligten Stände dazu Stellung nahmen, soll im Folgenden gezeigt werden.

---

[1]) Wzbg. A. Mainz, Corrib. VIII. 63.
[2]) Ebenda VIII. 68.

III.

Der Verlauf des Wildfangstreites und seine politische Bedeutung.

Mehr denn je zuvor mußten die Kurpfalz benachbarten Stände in der Ausübung des Wildfangsrechts eine Beschränkung ihrer landesherrlichen Befugnisse erblicken nach dem westfälischen Frieden, welcher ihnen die volle Landeshoheit zugestand, so zwar, daß niemand, auch nicht der Kaiser, sie einschränken dürfe [1]). Mußte schon aus diesem Grunde das Vorgehen Karl Ludwigs ihren Widerspruch herausfordern, so war dies um so mehr zu erwarten bei der eminent praktischen Bedeutung der Frage.

Die Opposition regte sich bald. Bei der nächsten Gelegenheit, die sich ihnen bot, auf dem Regensburger Reichstag 1653 brachten die Bischöfe von Speyer und Worms, die Rheingrafen und ein Teil der Reichsritterschaft ihre Klagen über den Pfalzgrafen vor den Kaiser und die Reichsstände. Ein Beschluß des Reichstags forderte den Kaiser auf einzuschreiten. Dieser erließ an den Kurfürsten von der Pfalz ein Inhibitionsdekret und setzte eine Commission ein zur Untersuchung und gütlichen Beilegung oder eventuell zur rechtlichen Entscheidung der Sache. Allein Karl Ludwig mißachtete nicht nur das kaiserliche Verbot vollständig, sondern wies auch alle Aufforderungen mit der Commission, die sich in Speyer versammelt hatte, in Unter-

---

[1]) Instr. Pac. Osn. art. VIII. § 1.

handlungen zu treten zurück[1]) mit der Berufung auf sein gutes Recht, wie es ihm der Friede garantire. Das ganze Verfahren sei ein rechtswidriges; denn abgesehen davon, daß die Beschlußfassung im Reichstag nicht ordnungsgemäß[2]) erfolgt sei, verweise das Instr. Pac. (art. V.) die Entscheidung über solche Streitfälle der Reichsstände unter einander vor eine Austrägalinstanz[3]). Dem Kaiser blieb nichts übrig, als die Commission aufzuheben und die Sache auf sich beruhen zu lassen.

Während des Vikariatsstreites i. J. 1657 nahm Kurbayern das Wildfangsrecht für sich in Anspruch. In einem offenen Patent an alle Kurfürsten, Fürsten und Stände des Reichs[4]) erklärt Ferdinand Maria, das Wildfangsrecht dependire einzig und allein von der Dignität des Erztruchseß und des Reichsvikars, diese sei jetzt auf Bayern übergegangen, folglich stehe ihm auch besagtes Recht zu. Gleichzeitig wirft er sich zum Richter in dem Streite auf und verheißt allen widerrechtlich Bedrängten seinen Beistand. Mit Entschiedenheit weist Karl Ludwig in öffentlichem Schreiben[5]) diesen Eingriff in sein altes Recht zurück und appellirt an den Gerechtigkeitssinn aller unparteiischen Fürsten und Stände. Als mit der Kaiserwahl der Vikariatsstreit vorläufig ein Ende nahm, verstummte auch der seltsame Anspruch des bayrischen Kurfürsten auf das pfälzische Privileg, den er — offenbar im Bewußtsein mangelhafter Rechtsbegründung — nie mehr erhob.

Im Jahre 1661 bemühten sich die Gegner aufs neue um Berücksichtigung ihrer Beschwerden. Doch Karl Ludwig wußte auch

---

[1]) Schreiben des Kurfürsten an den Kaiser, Heidelberg, 20. Sept. 1655; gedr. Diarium Europaeum XII. Appendix, p. 475 f.

[2]) Bei der Abstimmung am 16. Mai 1654 — am Tage vor der Publikation des Reichsabschieds — fehlten zahlreiche evangel. Gesandte, während die anwesenden Kläger selbst mitabstimmten. Ein Reichsschluß darüber wurde nicht gemacht, auch der Reichsabschied enthält nichts davon. Vind., p. 176 ff.

[3]) Pfälzischerseits wird diese Forderung wiederholt erhoben und durch Publikation mehrerer Staatsschriften (Diar. Eur. XIII. Append. p. 605 ff.) unterstützt, worin die mehrmalige Entscheidung gerade bei Differenzen über das Wildfangsrecht durch Austrägalgerichte angeführt wird, jedoch ohne Erfolg.

[4]) Dat. München, 16. Juli 1657. K. GLA. Pf. Gen. Lbsh. 8261.

[5]) Dat. Heidelberg, 4./14. Aug. 1657. K. GLA. a. a. O.

diesmal den Vollzug des von ihnen erwirkten Reichshofratsbeschlusses mit Hilfe des Kurfürsten von Brandenburg [1]), der sich beim Kaiser für ihn verwandte, zu vereiteln [2]).

Einen bedrohlicheren Charakter nahm der Streit an, als Johann Philipp von Mainz in denselben eingriff. Seit 1663 auch Bischof von Worms mußte er bei der territorialen Lage dieses Hochstifts mehr als andere in die Wildfangsfrage verwickelt werden; auch waren Differenzen mit Kurpfalz über gemeinsamen Besitz u. dgl. unvermeidlich. Wenn ihn bisher die Rücksicht auf den Regensburger Vergleich zu neutralem Verhalten genötigt hatte, so glaubte er sich jetzt als Herr von Worms durch die Verpflichtungen des Mainzers nicht gebunden [3]).

Es gewährt einen hohen Reiz die beiden Fürsten, welche unstreitig zu den hervorragendsten und interessantesten des Zeitalters gehören, in einem scheinbar geringfügigen Rechtsstreite ihre gegenseitigen Ansprüche verfechten zu sehen, die im Grunde weit über die Wildfangssache hinausgehen und auf tiefem politischen Gegensatze beruhen.

Johann Philipp, durchdrungen von der Würde seines hohen Amtes, ehrgeizig zugleich und mächtig, ebenso beharrlich als geschickt in der Verfolgung seiner Ziele, fühlt sich als der berufene Leiter der deutschen Politik [4]).

Karl Ludwig, ganz in den Traditionen seines Hauses lebend, aus dessen Unglück er retten will, was noch zu retten ist, voll Eifer und Ausdauer, unbekümmert um Widerspruch, woher er auch kommen

---

[1]) Kurfürst Friedrich Wilhelm an Kaiser Leopold, dat. Cleve 11. Juni 1661. F. Hirsch, Urkunden und Aktenstücke zur Geschichte des Kurf. Friedrich Wilhelm v. Brandenburg. Bd. XI. S. 86.

[2]) Vind., p. 180. Just. C. P., p. 477 ff.

[3]) Alle von Pfalz wegen Vertragsbruchs erhobenen Vorwürfe wurden von Mainz zurückgewiesen mit dem Bemerken: „Neue dignitäten bringen neue actiones mit sich." Wzbg. A. Mainz. Corrib. VIII. 63.

[4]) Vgl. B. Erdmannsdörffer, Deutsche Geschichte vom Westfälischen Frieden bis zum Regierungsantritt Friedrichs des Großen 1648—1740. Bd. 1. S. 303 ff.

möge, ist am wenigsten geneigt stillschweigend zuzusehen, wie „die Pfaffen das ganze Reich regieren" ¹).

Nicht daß er den Bestrebungen des Kurerzkanzlers wohlorganisirten Widerstand im großen Stil entgegengesetzt hätte; er ging vielmehr seine eigenen Wege, ohne nach den Wünschen und Absichten des Mainzers zu fragen. Im Jahre 1658 schloß Karl Ludwig einen Separatvertrag mit Frankreich ²) zur Wahrung der Interessen seines Hauses, namentlich zum Schutze gegen Bayern, das seinen Ansprüchen auf das Reichsvikariat mit bewaffneter Hand Nachdruck zu verleihen drohte. War schon durch diesen Vertrag die Eifersucht und der Unwille der Rheinbundfürsten erregt worden ³), so mußte es Johann Philipp, der in der möglichst weiten Ausbreitung des Rheinbundes seine Hauptaufgabe sah, erst recht übel vermerken, als der Pfälzer allen Vorstellungen zum Eintritt in die Allianz, die besonders von französischer Seite an ihn ergingen ³), unzugänglich blieb und sich nach Ablauf seines französischen Bündnisses 1661 an Brandenburg anschloß ⁴), das damals noch im Bunde mit Oesterreich der Politik des Kurfürsten von Mainz am meisten im Wege zu stehen schien.

So hatte sich nach und nach eine gegenseitige Antipathie zwischen den beiden Nachbarfürsten entwickelt, die noch Nahrung fand in der Verschiedenheit der Religionsbekenntnisse, deren unheilvolle Wirkungen auch nach dem Kriege noch immer fühlbar waren. Zwar konnte man gerade diesen beiden Fürsten am wenigsten religiöse Intoleranz

---

¹) Vgl. E. Bodemann, Briefwechsel der Herzogin Sophie von Hannover mit ihrem Bruder, dem Kurfürsten Karl Ludwig von der Pfalz (Publikationen aus den preuß. Staatsarchiven Bd. XXVI.), S. 89.

²) F. Hirsch, a. a. O., S. 78.

³) Guhrauer, a. a. O., II. S. 307: Projet d'instruction au Sr. Gravel retournant à Francfort du 28 mars 1661: „Il serait donc bon que led. Gravel, sans entrer dans la proposition de renouveller avec lui un traité particulier, qui donne même quelque jalousie et quelque déplaisir à nos autres Alliés, tâchât de porter led. Sr. Electeur d'entrer dans notre Alliance commune."

⁴) Defensivallianz zwischen Kurf. Friedrich Wilhelm von Brandenburg und Kurf. Karl Ludwig von der Pfalz, Cleve, 26. Apr. 1661. F. Hirsch, a. a. O., S. 63 ff.

nachjagen, allein die Gegensätze machten sich doch auch hier geltend und waren oft Anlaß zu gehässigen Angriffen und Verleumdungen, die wesentlich zur Verschärfung des Streites beitrugen. Reibereien um manche unentschiedene Rechts= und Besitzfragen hatten die gereizte Stimmung noch gesteigert. Es fehlte nur die passende Gelegenheit für den Erzbischof, um den anspruchsvollen Nachbar seinen ganzen Groll fühlen zu lassen und ihn gründlich zu demütigen. Eine solche war gegeben, sobald Johann Philipp das Erbe des Bischofs von Worms und damit auch die Vertretung der von diesem geführten, bislang noch unerledigten Streitsache gegen Kurpfalz übernommen hatte.

Alle Reichsstände, die nur irgendwie mit dem pfälzischen Wild=fangsrecht in Berührung kamen oder kommen konnten, wurden in das kurmainzische Interesse hineingezogen. Manche von ihnen hatten noch niemals Grund zur Klage gegen Pfalz gehabt. Als sie aber von Mainz aus über die Größe der Gefahr unterrichtet worden waren, die dem Bestand ihrer Länder und der Freiheit ihrer Religion von seiten des Pfalzgrafen drohte, zögerten sie keinen Augenblick mehr zur Abwehr derselben in ein Schutz= und Trutzbündnis unter Johann Philipps Leitung zusammenzutreten (Conföderationsrezeß, dat. Regensburg, 31. März 1664). Dieses umfaßte die Erzbischöfe von Mainz, Köln und Trier, die Bischöfe von Speyer und Straß=burg, den Herzog von Lothringen, die Wild= und Rheingrafen, end=lich die vereinigte Reichsritterschaft von Schwaben, Franken und am Rhein; diese sah durch Karl Ludwig ihre Reichsimmediät ge=fährdet [1]).

Karl Ludwig ließ die gegen ihn verbreiteten Anschuldigungen in einer öffentlichen Streitschrift widerlegen, worauf alsbald eine

---

[1]) Bbg. A. S. V. K. 52. F. 1. Die drei Ritterkreise beschlossen sofort gemeinsame Sache zu machen, obwohl zunächst nur der Rheinkreis direkt be=teiligt war. Aus den Verhandlungen der Ritterschaft ist zu ersehen, daß es dem Erzbischof von Mainz bei Gewinnung seiner Bundesgenossen hauptsächlich um die Repartition der hohen Kriegskosten zu thun war (Bbg. A., a. a. O.; Wzbg. A. Reichsritterschaft 872. I.; K. GLA. Kraichg. Ritterjch. Lbsh. 99, II. 1. 4; Nbg. A. C. 819. Saal VI. Fasz. 1).

Entgegnung mainzischerseits erschien, die mit Androhung bewaffneten Widerstandes schließt ¹).

Die Lage wurde ernster, als die Ende 1664 von Erfurt zurückkehrenden lothringischen und mainzischen Truppen an der pfälzischen Grenze und in Orten, deren Besitz zwischen Pfalz und Worms gemeinsam war, Quartiere bezogen. Die Plänkeleien, verbunden mit Mißhandlung der Einwohner, nahmen bereits ihren Anfang. Am 28. Dezember 1664 reichten „die Gravirten", wie sich die Verbündeten nannten, beim Kaiser eine Klageschrift ein, in der sie erklärten ihr Recht nötigenfalls mit Waffengewalt erzwingen zu wollen, und beauftragten den mainzischen Gesandten im Reichstag von Plittersdorf ihre Sache auch mündlich zu vertreten. Dies veranlaßte den Kaiser den Kurfürsten von der Pfalz zur Einstellung der Mißbräuche aufzufordern und zur Annahme einer Vermittlung, sei es durch den Kaiser selbst oder durch eine Commission mit dem Markgrafen Wilhelm von Baden an der Spitze ²). Wenige Tage darauf ließen die Verbündeten dem Kurfürsten ein Alternativschreiben ³) übergeben: entweder solle er seinen Ansprüchen auf das Wildfangs- und Leibeigenschaftsrecht in ihren Landen entsagen und sich zur Leistung des Schadenersatzes verpflichten, oder sie würden der Gewalt mit erlaubter Gegengewalt steuern. Karl Ludwigs Antwort ⁴) war eine einfache Empfangsbestätigung mit kurzem Hinweis auf das rechtswidrige Verfahren der Gegner, die er im einzelnen abfertigen werde. Seinem Gesandten im Reichstag Dr. Peil ließ er eine genaue Instruktion über die Sache ⁵) zugehen und befahl ihm seine Interessen mit allem Nachdruck zu vertreten. Dem Kaiser erklärte er den güt-

---

¹) Wahrhaffter Bericht über einige Chur Pfalz ungütlich beschehene Ufflagen, dero Recht deß Wildfangs und Leibeigenschafft betreffend. Diar. Eur. XII. Append., p. 1. Beständiger Gegenbericht wider den in J. Chf. Dl. zu Pfaltz Namen ohnlängst in Truck ausgegebenen also genannten Wahrhafften Bericht ꝛc. ebenda p. 3.

²) Schreiben des Kaisers an Karl Ludwig, dat. Wien, 10/20. Apr. 1663; gleichzeitig an Wilhelm von Baden. (Übertragung der Commission).

³) Dat. 17. März 1665. Mü. Geh. St.-A. K/rot. 32. c. 1 (gedr. Diar. Eur. XII. Append. p. 6).

⁴) Dat. Heydelberg, 1./11. May 1665. Diar. Eur. XII. Append. p. 8.

⁵) Dat. Heydelberg, 5. May 1665. K. GLA. Pf. Gen. Lbsh. 8226.

lichen Ausgleich annehmen zu wollen, nur bitte er noch um Er=
nennung eines unparteiischen Schiedsrichters [1]). Während Dr. Peil
noch vergeblich sich bemühte sein Anliegen vor den Kaiser und den
Reichshofrat zu bringen, kam es bereits zum offenen Bruch wegen
der zwischen Worms und Pfalz gemeinsamen Stadt Ladenburg, die
Johann Philipp nach Verjagung der geringen pfälzischen Besatzung
am Abend des 22. Mai [2]) von lothringischen Truppen einnehmen
und hierauf neu befestigen ließ, nachdem ihre Mauern von pfälzischer
Seite zum Teil eingelegt worden waren [3]). Zu gleicher Zeit wurden
ernste Ausschreitungen der Kriegsvölker gegen die pfälzischen Leib=
eigenen im Amt Alzey gemeldet. Der Kurfürst sandte sofort an
Dr. Peil die bringende Mahnung beim Kaiser Gegenmaßregeln zu
erwirken [4]) und rüstete sich zum Widerstand. Der Streit drohte nun
größere Dimensionen anzunehmen. Weitere Kreise begannen sich dafür
zu interessiren. In Regensburg wurde der Fall Ladenburgs in den
Kreisen der evangelischen Gesandten lebhaft besprochen; der französische
Resident im Reichstage Gremonville erkundigte sich eingehend danach
und sprach auch von der Eventualität eines bewaffneten Kampfes —
nicht ohne Grund, wie Dr. Peil meinte [5]).

Noch glaubte Karl Ludwig durch Vermittlung seiner Bundes=
genossen und Verwandten und durch Einschreiten des Kaisers wieder
zu seinem Rechte gelangen zu können. Kurfürst Friedrich Wilhelm,
der übrigens infolge seiner Beteiligung an den Ehestreitigkeiten
Karl Ludwigs mit diesem nicht mehr im besten Einvernehmen stand,
hatte schon zu Anfang des Jahres und neuerdings wieder durch ein=
bringliche Schreiben die Verbündeten zur Güte ermahnt und den

---

[1]) Diar. Eur. XII. Append., p. 280 ff.

[2]) Die Datirung wurde überall, wo es sich nicht um Originalangaben handelte, nach dem neuen Stil gegeben.

[3]) Auch hierüber wurden Anklage- und Verteidigungsschriften von beiden Parteien in die Öffentlichkeit gegeben, wie überhaupt der ganze Streit eine Unmasse von publizistischem Material zu Tage gefördert hat, das, soweit es gedruckt ist, im Diar. Eur. XII. XIII., Append. und Londorp. Acta Publ. IX. größtenteils zu finden ist.

[4]) Dat. Heydelberg, 13. May 1665. K. GLA. Pf. Gen. Lbsh. 8226.

[5]) Bericht Dr. Peils, dat. Wien, 20. May 1665. K. GLA., a. a. O.

Kaiser um Beilegung der Streitigkeiten ersucht ¹); Philipp Wilhelm von Neuburg, der trotz seiner Freundschaft mit den geistlichen Kurfürsten 1663 zur Förderung der von ihm so eifrig vertretenen Interessen des wittelsbachisch-pfälzischen Hauses mit Karl Ludwig ein Bündnis eingegangen hatte ²), versuchte im gleichen Sinne auf seine katholischen Bundesgenossen einzuwirken ³). Allein damit war noch ebensowenig erreicht worden als durch die Bemühungen Dr. Peils am kaiserlichen Hof eine günstige Entscheidung oder auch nur ein Verbot der Gewaltthätigkeiten zu erwirken. Der Einfluß des Kurerzkanzlers war eben zu stark. Alle Beschwerden des pfälzischen Gesandten über Parteilichkeit der kaiserlichen Minister wurden zurückgewiesen mit dem Bemerken, „das Haus Oesterreich sey in solchem Zustand, daß es Maynz nicht offendiren dörffe" ⁴). Je mehr Karl Ludwig merkte, daß man in Wien einer streng rechtlichen Untersuchung, die — zum wenigsten hinsichtlich der letzten Ausschreitungen — ein ernstliches Vorgehen gegen Mainz mit sich bringen mußte, beharrlich aus dem Wege ging, daß vielmehr des Kaisers Absicht dahin ziele, „alles wieder in den vorigen Stand zu setzen" ⁵), d. h. die Wiedereinführung des Wildfangsrechtes zu vereiteln, je mehr er die Ueberzeugung gewann, daß von dieser Seite für ihn nichts zu erwarten sei ⁶), um so mehr reifte in ihm der Entschluß, sich selber Hilfe und Recht zu verschaffen.

---

¹) F. Hirsch, a. a. O., S. 592 ff.
²) E. Bodemann, a. a. O., S. 60.
³) Mü. Geh. St.-A. K/blau. 50. 4.
⁴) Schreiben Karl Ludwigs an Dr. Peil, dat. Friedrichsburg, 25. Juli 1665. K. GLA. Pf. Gen. Lbsh. 8226.
⁵) Bericht Dr. Peils, dat. Wien, 16./26. Juni 1665. K. GLA., a. a. O.
⁶) Schreiben Karl Ludwigs an Dr. Peil, dat. Friedrichsburg, 25. July 1665. (K. GLA., a. a. O.): „Man habe zur genüge verspüret, daß am Kayserl. Hoff gegen Chur Maintz interesse nichts zu erhalten und daß die Kayserl. Ministri mit Chur Maintz entweder auß furcht der beleidigung oder auß Hofnung der recompens unter einer Decken liegen und Chur Maintz nicht allein den Vortheil, sondern auch den glimff zu spielen, hingegen Pfaltz mit bloßen worten abspeisen . . . ." „Pfaltz möchte lieber sehen, daß man Dr. Peilen am Kayserl. Hoff |: wie vor diesem der Fürst von Auersperg gethan :| nur deutlich sagte, daß gegen Chur Maintz nichts zu erhalten, so müßte Pfaltz woran daß sie wäre."
Brief der Herzogin Sophie an Karl Ludwig, dat. Iburg, le 10. de

Mit geringem Vertrauen empfing er Ende Juni in Friedrichs=
burg den kaiserlichen Abgesandten Reichshofrat Grafen von Königseck,
der ganz im bezeichneten Sinne die Ausgleichsverhandlungen leiten
sollte. Die von ihm überreichte schriftliche Proposition beantwortete
der Kurfürst mit der bestimmten Erklärung ¹), er wolle sich nur mit
vollkommener Restitution seiner Besitztümer und Gerechtsamen, sowie
bedingungsloser Anerkennung seines althergebrachten Privilegs zu=
frieden geben. Ebenso wenig versprach er sich von einer Vermittlung
durch Brandenburg, dessen Vertreter am Reichstag von Marenholtz ²)
im Juli nach Friedrichsburg und Mainz ging, um im Verein mit
Königseck den Streit gütlich beizulegen. Unter den gegebenen Ver=
hältnissen war Karl Ludwig zu Verhandlungen überhaupt nicht
geneigt. Er kannte jetzt nur noch e i n e n Ausweg, den offenen Kampf.
Darum forderte er von Brandenburg nicht Abmahnungsschreiben und
Friedensverhandlungen, sondern bewaffneten Beistand auf Grund des
Vertrags ³). Und während die Gesandten in Heidelberg und Mainz
durch Reden und Beschlüsse den Frieden zu gewinnen meinen, ent=
faltet Karl Ludwig eine weitgehende, lebhafte Agitation, welcher der
Plan einer großen kriegerischen Aktion zugrunde liegt.

Juin. (E. Bobemann, a. a. O., S. 89): „Pour l'Empereur vous voiés
bien, qu'il n'est bon à rien et que vous n'avez pas raison de vous y
fier ny non plus à Brandebourg, car il ne tient pas ce qu'il vous a
promis."
¹) Diar. Eur. XII. Append. p. 277 ff.
²) Karl Ludwigs Urteil über denselben (Schreiben an Dr. Peil, dat.
Friedrichsburg, 25. July 1665. K. GLA., a. a. O.): „Er weiß soviel von den
Sachen alß der blinde von den Farben, nimbt auch nicht viel mühe umb darin
sich zu informiren."
³) Schreiben Karl Ludwigs an Friedrich Wilhelm, dat. Friedrichsburg,
$\frac{24.\ Juni}{4.\ Juli}$ (F. Hirsch, a. a. O., S. 602): „Bei so gestalten Sachen, bevor
alles in den früheren Zustand gesetzt worden ist, zu traktiren ist weder repu=
tirlich noch sicher.. Er ersucht daher den Churfürsten nochmals ihm die in der
Allianz verglichene Volkshülfe sobald wie möglich, laut den expressen terminis
der Allianz zuzuschicken und ihm mit der nächsten Post zu berichten, wie bald
und auf welchem Wege er diese Hilfe zu erwarten habe, damit er der Gewalt
Gewalt entgegensetzen oder doch wenigstens sub clypeo mit seinen Gegnern
traktiren könne."

Um den Beistand des Kurfürsten und der Herzöge von Sachsen bemühte er sich angelegentlichst. Durch einen Abgesandten ließ er sie ersuchen [1]) entweder die Widrigen zu divertiren oder Pfalz mit Völkerhilfe zu unterstützen und zwar so bald als möglich; Kursachsen wolle sich bei Frankreich für Karl Ludwig verwenden. Ferner sei dem Kurfürsten von Sachsen der Gedanke einer Allianz zwischen dem ober- und niedersächsischen Kreis und Kurpfalz zur Rettung der letzteren vor den geistlichen Herren nahezulegen und zugleich auseinanderzusetzen, warum Pfalz nicht in „die Rheinische und Französische Allianz" eingetreten, und wie sehr ihm der Schutz des Reichs und des evangelischen Wesens am Herzen liege.

Allem Anscheine nach beabsichtigte Karl Ludwig damals ernstlich die Gründung einer großen evangelischen Vereinigung, mit der Spitze gegen den Rheinbund gerichtet. Dafür sprechen nicht nur die Verhandlungen mit Brandenburg [2]) und Sachsen, wie mit den evangelischen Eidgenossen [3]), sondern auch die am pfälzischen Hofe herrschende Entrüstung über das Mißlingen dieser Bestrebungen [4]).

Von Sachsen war nichts weiter zu erreichen als die Zusage, man werde alles thun, um den Frieden herbeiführen zu helfen.

Erfolgreicher waren seine Bemühungen an den braunschweigischen Höfen, wo er in seiner Schwester Sophie eine eifrige Fürsprecherin besaß [5]). Die Herzöge Georg Wilhelm von Kalenberg und Ernst August, Bischof von Osnabrück, schickten ihm im August 1665 vier Compagnien Reiter und noch 100 Dragoner unter dem Oberst von

---

[1]) Instruktion für Herrn von Seckendorff zu seiner Gesandtschaft an die sächs. Höfe, dat. Friedrichsburg, 23. Juli 1665. K. GLA. Pf. Gen. Lbsh. 4564.

[2]) F. Hirsch, a. a. O., S. 603: Anregung einer ober- und niedersächsisch-pfälzischen Allianz.

[3]) Beil. II. Nr. 7.

[4]) Schreiben eines pfälzischen Rates an Seckendorff, dat. Heidelberg, 29. Aug. 1665 (K. GLA. Pf. Gen. Lbsh. 4564): „... que c'estait une pitié en Allemagne que les Princes Protestants s'entendent si peu ensemble, et qu'il fallait encore aller vers l'Electeur de Saxe, cela serviroit au moins pour s'excuser, si la Ligue gaigne le dessus et la guerre se va rallumer dans l'Empire."

[5]) Vgl. E. Bodemann, a. a. O., S. 89 ff.

Hilten. Von Schweden erwartete er eine größere Truppensendung ¹). Würtemberg bat er gleichfalls um Beistand ²). Mit den zu Baden versammelten eidgenössischen Gesandten knüpfte er durch den Heidelberger Rechtslehrer Dr. Johann Friedrich Böckelmann Beratungen an, die hauptsächlich eine ausgibige Geldunterstützung (100.000 Rth.) bezweckten. Der Eifer, mit dem Karl Ludwig diese Verhandlungen betrieb und seine Bereitwilligkeit, eventuell auch mit einer viel geringeren Summe sich begnügen zu wollen, beweist hinlänglich, in welcher Finanznot sich der Kurfürst damals befand ³). Das Amt Germersheim hatte er bereits als Pfand für die Anleihe dargeboten; und da die Schweizer noch immer zögerten, erklärte er sich bereit anstatt dessen ihnen jeden anderen Ort in seinem Lande, den sie wünschten, einzuräumen, ausgenommen Heidelberg. Unter der Hand ließ er noch Bern und Schaffhausen ersuchen „eine anleihung gegen verpfandung etzlicher pretioser mobilien und immobilien" zu gewähren. Und als auch dieser Vorschlag nicht verfangen wollte, sandte er ein Kistlein Juwelen, wohlverpackt, nach Schaffhausen, ließ es vor dem Rat öffnen und als Pfand für die zu hoffende Summe in der Schatzkammer hinterlegen ⁴) — bezeichnend für den Krebit eines deutschen Fürsten im 17. Jahrhundert!

Endlich im November 1666 kam eine Anleihe von 60.000 Rth. im ganzen zustande.

Inzwischen hatten die Bewohner der Pfalz und der angrenzenden Lande schwer zu leiden unter den Ausschreitungen der Truppen, von denen es die Lothringer allen anderen in Raub und Brandschatzung zuvorthaten ⁵). Mehrmals drohten ernstliche Zusammen-

---

¹) Vgl. Beil. II. 12.
²) K. GLA. Pf. Gen. Lbsh. 6580.
³) Die Instruktion für Böckelmann gibt auch nach anderen Seiten hin, wie bereits angedeutet, manche wertvollen Aufschlüsse. Wir geben sie darum in der Hauptsache unverkürzt wieder: Beil. II.
⁴) K. GLA. Pf. Gen. Lbsh. 8186.
⁵) Vgl. zur Beurteilung der allgemeinen Lage die Instruktion Karl Ludwigs für seine Amtleute und Unterthanen, dat. Friedrichsburg, 20. Juni 1665. (K. GLA. Pf. Gen. Lbsh. 8510): Mainz und Consorten hätten ihn angegriffen, „am meisten auß neidt und mißgunst gegen die durch Gottessegen nach dem erlangten Frieden zimblich wieder uffgekommene und noch täglich mehr und mehr

stöße, namentlich um die Stadt Ladenburg, deren Besitz Karl Ludwig sich wieder erkämpfen wollte.

Dies mußte den Fortgang der von Königseck und Marenholtz geleiteten Verhandlungen bedeutend erschweren, und beide Vermittler hatten sich oft bitter zu beklagen über Rücksichtslosigkeit und Undank derer, denen ihre Bemühungen galten [1]).

Der meiste Vorwurf traf dabei den Kurfürsten von der Pfalz, der — durch seine hartnäckige Forderung: erst Restitution, dann Unterhandlung! — die Konferenz ungemein verzögerte. Als er endlich durch kaiserliche Sequestration der Stadt Ladenburg, die am 16. Sept. erfolgte, wenigstens so weit zufrieden gestellt war, daß er seine Bevollmächtigten zu den Vorberatungen abordnete, war es wiederum sein schroffes Auftreten gegenüber den Anträgen der Gegenpartei und den Vorstellungen der Vermittler, das ein Einverständnis hinderte und schließlich zum Abbruch der Verhandlungen führte. Es war im Interesse des Reichs zu beklagen, daß die Streitigkeiten in den Rheinlanden noch immer nicht beigelegt waren, daß vielmehr eine gefährliche Verwicklung daraus zu entstehen drohte.

Allein darum erscheint das Verdammungsurteil über Karl Ludwig noch keineswegs gerechtfertigt, das Marenholtz in seinen Relationen [2]) ausspricht, und das neuerdings wiederholt worden ist [3]).

---

zunehmende Churpf. Lande." Die Unterthanen sollten sich des Schutzes der kaiserl. Majestät und der uninteressirten Fürsten und Stände trösten, ihre Äcker bauen und Geschäfte treiben, wobei sie von Soldaten geschützt würden; die beste Habe und die alten Leute sollten sie in Sicherheit bringen. Jedermann habe sich mit 2 Pfund Pulver, 2 Pfund Blei und 20 Klftr. Lunte zu versehen. An den nächstgelegenen feindlichen Ortschaften sollte man Rache nehmen.

Wie sehr die Lothringer hausten, zeigt das summarische Verzeichnis der von diesen beim Marsch nach und von Erfurt verursachten Unkosten und Schäden, das allein für das Jahr 1664 — also noch vor dem eigentlichen Kriegszustand in der Pfalz — die Summe von 35.006 fl. aufweist. Dazu wird die Versäumnis der Einwohner in ihrem Nahrungserwerb auf die Hälfte dieses Betrages angeschlagen. Mithin ergibt sich eine Gesammtsumme von 52.509 fl. „Verzeichnis, was die lothring. Völker in zwo Nächten zu Alsenzborn und Enkenbach ruinirt, beläuft sich an Gelbt 634 fl. 8 alb." K. GLA. Pf. Gen. Lbsh. 8510.

[1]) Vgl. F. Hirsch, a. a. O., S. 605 ff.
[2]) Ebenda, S. 605 ff.
[3]) Ebenda, S. 593 u. a.

Ich habe bereits dargelegt, mit welchem Widerstreben Karl Ludwig die Vermittlung von dieser Seite und auf dieser Grundlage annahm. Eine Weigerung hätte unzweifelhaft Gewaltmaßregeln gegen ihn zur Folge gehabt, denen er sich in seiner augenblicklichen Hilflosigkeit doch nicht aussetzen durfte. Aber er war sich von Anfang an klar darüber, daß damit nichts für ihn zu erreichen sei. Daher sein eifriges Werben um Hilfe nach allen Seiten, seine weitaussehenden Pläne thatkräftigen Widerstandes. Und er hat nur konsequent gehandelt — seinen bisherigen Grundsätzen und dem Verlauf der Dinge entsprechend —, wenn er den Erfolg dieser Beratungen mit allen Mitteln zu vereiteln strebte.

Die Friedensverhandlungen wurden von Fürsten geleitet, in denen die streitenden Parteien keine über ihnen stehende Autorität anerkennen konnten; denn Brandenburg war nur einer ihresgleichen; und der Kaiser hatte bisher noch nicht vermocht seine Stellung als Reichsoberhaupt in diesem Streite geltend zu machen [1]). Ein Friede, der nicht kraftvoller vertreten war, konnte unmöglich von langer Dauer sein; dessen war sich Karl Ludwig wohl bewußt [2]). Und wie wären die Bedingungen eines solchen Friedens gewesen? Darüber konnte für ihn kein Zweifel mehr sein, seitdem er die Stimmung am kaiserlichen Hofe genau kannte. Dem Kurerzkanzler durfte man hier nicht zu nahe treten im Interesse des Hauses Oesterreich. Und in Berlin mochte die Bemühung um den Frieden im Reiche und die Furcht vor ernstlichen Verwicklungen eine Entscheidung zu ungunsten des Mainzers bedenklich erscheinen lassen. Es blieb dem Kurfürsten von der Pfalz darum nichts übrig als überall nachzugeben. Dies

---

[1]) Schreiben der Herzogin Sophie an ihren Bruder, dat. Iburg, le 17. de Juin 1665 (E. Bodemann, a. a. O., S. 91): „L' Empereur est une foible assistance. Il me semble, que ses commendements sont comme ceux de Mr. de Boullion, où personne ne bouge, et qu' elles ne sont nullement considérées dans l' Empire."

[2]) Vgl. Instruktion für von Seckendorff zu seiner Gesandtschaft an die sächsischen Höfe (s. o. S. 28): „... weiln theils unßere Widrigen so viel alte undt neue Tractaten über ein hauffen geworfen, alß könnten wir uns nicht versehen, wann wir schon mit Ihnen aufs neue tractiren wollen, daß sie solche Tractaten halten würdten, so lange sie also verbunden undt gewaffnet stehen." K. GLA. Pf. Gen. Lbsh. 4564.

konnte er nicht, ohne sich selbst untreu zu werden; und hätte er es gethan, hätte er sich wirklich entschlossen der Mahnung des Kurfürsten Friedrich Wilhelm zu folgen, „lieber in exercitio eines und andern Rechts sich zu moderiren, als sich und seine Unterthanen in einen solchen Hazard zu setzen" [1]) — wer garantirte ihm, daß nicht Mainz, durch den Erfolg ermutigt, in seinen Forderungen immer weiter ginge? [2]).

So war ihm die Annahme dieses Friedens unmöglich; und da sich auch die Hoffnung auf erfolgreiche Gegengewalt als eitel erwiesen hatte, war für ihn der einzige Ausweg ein Vergleich mit günstigeren Chancen und mit nachhaltigerer Garantie. Und dieser war nur vom Auslande zu erwarten. Die Berufung der Kronen Frankreich und Schweden zum Schiedsrichteramt war denn auch das Resultat und der Abschluß der weitläufigen Bemühungen der Reichsfürsten und ihres Oberhauptes um den Frieden, den sie sich selbst nicht geben konnten — ein unverfälschter Charakterzug des ganzen Zeitalters.

Inzwischen war auch die Frage im Reichstage zur Erörterung gekommen. Eine von den Gesandten der evangelischen Stände überreichte Beschwerdeschrift gegen den Gewaltstreich von Labenburg [3]) veranlaßte jedoch ebenso wenig ein energisches Vorgehen des Reichstages als die Gegenbeschwerde der Gravirten [4]). Gleichwohl verkannte man auch hier die große Gefahr nicht, welche eventuell dem

---

[1]) F. Hirsch, a. a. O., S. 596.
[2]) Vgl. Instruktion für von Seckendorff rc.: „... daß besagte unßere Widrige weiln sie sehen, daß Ihnen alles nach Ihrem willen geht, es dabey nicht laßen, sondern weiter umb sich undt in Unser immediat eigenthumb greiffen werden. ... daß es ihnen ahn praetensionen nicht mangelt, undt daß sie einen weit außsehenden desseain führen, und wann sie mit Uns fertig, an andere Stände des Reichs, sonderlich die Evangelische sich machen, mit ihnen ebener gestalt wie mit Uns verfahren undt neue unruhe im Reich verursachen werden, ... daß wann Uns nicht baldt geholfen wirdt, Unßere Widrige sowohl in Religion alß Profansachen wie sie zu Labenburg rc. angefangen, hiernegst ebener gestalt andern orthen im Reich leges werden vorschreiben wollen."
[3]) Diar. Eur. XII. Append. p. 137 ff.
[4]) Ebenda, p. 141 ff.

ganzen Reiche aus dem Wildfangstreit erwachsen konnte ¹). Kursachsen bot seine Vermittlung an; und der Erzbischof von Salzburg schickte einen Gesandten in gleicher Absicht nach Speyer.

Dort waren Mitte September, besonders auf Betreiben des Markgrafen von Baden, die offiziellen Ausgleichsverhandlungen begonnen worden. Daneben fanden Beratungen in Oppenheim statt. Ein kaiserlicher Erlaß hatte für die Dauer derselben an allen Orten die Einstellung von Krieg und Waffengewalt „bei poen und Straffe des Friedenbruchs" geboten. Gleichwohl begannen die Feindseligkeiten schon nach kurzer Zeit wieder heftiger als zuvor ²).

Im pfälzischen Dorfe Schwabenheim war es durch das herausfordernde Benehmen einiger durchreitender trierischer und lothringischer Offiziere zu einem Rencontre zwischen diesen und pfälzischen Soldaten gekommen, das mit der Gefangennahme der ersteren endigte. Bei der gewaltsamen Befreiung derselben gab es ein blutiges Scharmützel, dem Raub und Plünderung folgte. Jetzt zog Karl Ludwig seine Truppen zusammen und übernahm persönlich an der Spitze von vier Schwadronen die Verfolgung der Lothringer, die sich auf Mainz zurückzogen. In Würstätt und Niedersaulheim kam es zum Kampf; bei Selzheim fand eine Kanonade statt; das pfälzische Städtchen Obernheim wurde weggenommen. Auf beiden Seiten vermehrte man die Streitkräfte, die Gegensätze verschärften sich von Tag zu Tag, während in Speyer und Oppenheim über die Abdankung der Truppen verhandelt wurde!

Das einzige Ergebnis dieser Verhandlungen war der Oppenheimer Präliminarrezeß vom 31. Oktober 1665 ³), dessen Ratifikation durch die beiderseitigen Bevollmächtigten und den kaiserlichen und brandenburgischen Kommissär am 14. November in Speyer erfolgte. Derselbe verfügte die sofortige Wiederaufnahme der Speyrer Verhandlungen und deren Abschluß entweder in Güte innerhalb zweier Monate oder durch einen Compromiß innerhalb weiterer vier Monate. Für letzteren sind von jedem Teil zwei Schiedsrichter und ein Ob-

---

[1] Bbg. A., Reichstags-Akten 1664—1665 Nr. 159. Rtg.-A. 1665—1668 Nr. 160.

[2] Diar. Eur. XII. Append., p. 314. 316.

[3] Ebenda, p. 322 ff.

mann zu ernennen. Pfalz erklärt sich zur Suspension seiner Rechte währen dieser sechs Monate bereit. Gleichzeitig wird allgemeiner Landfriede verkündigt.

Zwei Staatsschriften, deren Abfassung etwa in diese Zeit fällt, verdienen Erwähnung als die hervorragendsten und umfangreichsten aller erschienenen. Zugleich enthalten sie das ausführlichste Material, das über die Wildfangsfrage überhaupt veröffentlicht worden ist. Es sind dies: „Vindiciae secundum libertatem Imperialem quorundam Electorum, Principum etc. contra Palatinum Wildfangiatum, Mancipatum aliasque Violentias. Anno 1665[1]" von mainzischer Seite; als Entgegnung darauf: „Justitia Causae Palatinae sive Defensio Juris Regalis Palatini in Homines Proprios etc."[2].

Der Inhalt der ersteren ist kurz folgender: Unter Hinweis auf die jüngste Vorgeschichte des Streites (1654/55. 1661). Begründung und Rechtfertigung des abgeschlossenen Bündnisses. Beschreibung des Privilegs, das sich nach seinem Ursprung und seiner Geschichte als Anmaßung erweist. Aufzählung der pfälzischen Gewaltthaten. Zurückweisung der gegen die Gravirten erhobenen Beschuldigungen. Statistische Mitteilungen über die Ausdehnung des Wildfangsrechtes. Der Inhalt der pfälzischen Gegenschrift ist: 1. Teil: Beschreibung des Privilegs nach Ursprung und Beschaffenheit. Aufzählung der kaiserlichen Bestätigungen, der Verträge mit den Nachbarn und sonstiger Beweise für die langjährige, unwidersprochene Ausübung des Rechtes; 2. Teil: Widerlegung der Vindiciae in allen Einzelheiten.

Die Just. C. P. ist ruhiger gehalten im Ausdruck, und vornehmer in der ganzen Kampfesweise, wenn auch nicht viel weniger subjectiv in der Beweisführung[3] als die Vind., sie verrät einen des litterarischen Kampfes wohl kundigen Verfasser[4]. Den Schreiber der Vind. kennzeichnet am besten die tendenziöse Auslegung des Wortes

---

[1] Diar. Eur. a. a. O., p. 172—218.
[2] Ebenda, p. 357—565; in deutscher Übersetzung Diar. Eur. XIII. Append., p. 89—395.
[3] Vgl. o. S. 10.
[4] Johann Friedrich Böckelmann, geb. zu Steinfurt 1633, Professor der Rechte zu Heidelberg und Leiden, wo er 1681 starb.

„Wildfang", womit er seiner Schrift am Schlusse einen besonderen Effekt verleihen will [1]). Er erklärt die Ausübung des Wildfangsrechts als „eine unwürdige, allen göttlichen und menschlichen Gesetzen zuwiderlaufende Jagd, die die Menschen zu Tieren mache".

Die zu Speyer fortgesetzten Beratungen hatten hauptsächlich die Ablösung des Wildfangsrechtes durch ein entsprechendes Aequivalent zum Ziele. Die zuerst angebotene Summe von 200.000 fl., womit sich Pfalz nicht begnügte, wurde durch Vermittlung des neuburgischen Kanzlers von Giese und des schwedischen Staatssekretärs und Residenten im oberrheinischen und schwäbischen Kreise Habbäus Lichtenstein auf das Doppelte erhöht, sollte jedoch nicht mit barem Gelde, sondern mit so viel Land und Leuten bezahlt werden, die für den Kurfürsten von der Pfalz eine jährliche Rente von 20.000 fl. d. h. von 5% abwerfen könnten.

Dieser erklärte sich damit einverstanden [2]). Aber anstatt die Verzeichnisse der abzutretenden Ortschaften mit Angabe ihrer Einkünfte vorzulegen und dadurch die Sache zum Abschluß zu bringen, erhoben die Verbündeten neue Bedenken, machten die Fortsetzung der Verhandlungen von der Räumung des von Kurpfalz besetzten Schlosses Hoheneck abhängig und brachten noch andere Beschwerden auf die Tagesordnung entgegen dem Oppenheimer Rezeß, der nur die drei

---

[1]) Zur Vergleichung seien hier die Schlußsätze der beiden Schriften als besonders charakteristisch angeführt.
V i n d.: „Ne igitur se in beluas reformari Venatu tam indigno divinisque et humanis legibus adverso in posterum patiantur, qui statum a Deo acceperunt in Imperio optime fundatum, nec ullius alterius statu minorem, ipsorum quidem praecipue, sed praeterea omnium, Imperii salutem, Statuum honorem, Juris omnigeni auctoritatem amantium, cautio esse debet."
J u s t. C. P.: „Habes hic, Lector, Defensionem juris Regalis Palatini in Homines Proprios, non verborum lenociniis, sed rationibus, testibus et tabulis omni exceptione majoribus munitam, quae uti depellendis invidiosis insultibus, calumniisque Vindiciarum Oratoris opposita, sic eo quoque accipienda est sensu, ne quid ea vel in praejudicium Palatinorum jurium, vel ad resuscitandas lites sopitas, vel in injuriam cujusquam dictum putetur."
[2]) „Von Chur Pfalz auffgerichtetes Vergleichs Projekt in der Wildfangs Sach; Heidelberg, 13. Jan. 1666." Bbg. A. S. V. K. 52. F. I. fol. 350 ff.

Punkte des Wildfangs, der Zoll- und Geleitgerechtsame erledigt wissen wollte.

Karl Ludwig weigerte sich Hoheneck zu räumen und brach, nachdem auch die festgesetzten zwei Monate um waren, die Verhandlungen ab, mit der Begründung, daß es den Alliirten kein rechter Ernst darum sei.

Die Schuld lag wohl auf beiden Seiten. Jene meinten, „sie hätten vielleicht allzufrühe in die 400.000 fl. gewilligt", und Karl Ludwig mochte bei genauerer Berechnung diese Summe doch für zu niedrig halten [1]), selbst auf die Gefahr hin, daß ihm bei einem Compromiß auch dies noch verloren gehen könne [2]).

Unterm 25. Januar ließ er dem Markgrafen von Baden und dem brandenburgischen Gesandten die offizielle Mitteilung [3]) zugehen, daß er die Verhandlungen nicht weiter führen wolle und zu dem nun nötig gewordenen Compromiß die Kronen Frankreich und Schweden als Schiedsrichter, den Kaiser als Obmann berufe. Er begründete dies damit, daß es sich hier um uralte Rechte handle, deren Wiedereinführung ein Teil der Restitution nach Maßgabe des Friedensinstrumentes sei.

Unmittelbar darauf wandte er sich an Frankreich [4]) und an

---

[1]) Schreiben der Herzogin Sophie an ihren Bruder, dat. Osnabruc, le 20. de Jeanvier 1666 (E. Bobemann, a. a. O., S. 98): „m/400 florins d'Allemagne est bien quelque chose, mais fort peu auprès de ce que Mr. Wolsoven — pfälz. Ratspräsident und Kammerdirektor — avoit dit à Plate — osnabrück. Geheimer Rat — qu'il ne vous conseilleroit pas de quitter vos droits au moins d'en recevoir soixante mille Risdalers par an."

[2]) Vgl. Habbäus' Schreiben an Karl Ludwig, dat. Heidelberg, 26. Jan. 1666. (Mü. Geh. St. A. R. blau 59/6): „... stünde ja gar wohl zu balanciren, ob hernach (bei einem Compromiß) das Überbleibende so viel nützen werde als die m/400 fl., die wir diesmal an beständigen land und leuthen und ohnstrittig hatten haben können: will man es über die terminos des Compromissi auch hinaus spielen und alles wieder auf die Waffen setzen, so hatten wir gute rationes zu zweifeln, ob auch derselbe Weg diesem gütlichen Handel zu praeferiren were, so wie dies jetzo stehet."

[3]) F. Hirsch, a. a. O., S. 611. Anm. 2.

[4]) Dat. Heidelberg, le 18 Janv. 1666. Mü. Geh. St. A. R. rot 32/c.

Schweden ¹) mit der Bitte das Schiedsrichteramt zu übernehmen und zu diesem Zweck Gesandtschaften mit entsprechenden Vollmachten abzuordnen. Beide sagten bereitwillig zu ²) „im Interesse der Ruhe und des Friedens im Reiche". Auch die Gegenpartei entschied sich für diese Wahl. Aber der Kaiser war aufs tiefste entrüstet über die ihm widerfahrene Zurücksetzung. Es ist beachtenswert, wie sich hier noch einmal das Nationalbewußtsein und die Erinnerung einstiger kaiserlicher Autorität wenigstens in Wort und Schrift auflehnt gegen die unwürdige Vorherrschaft des Auslandes, der man mit der That nicht mehr zu begegnen vermag.

In einem eindringlichen Schreiben ³) fordert der Kaiser den Markgrafen von Baden auf, die Streitenden mit allen Mitteln zu bewegen andere Schiedsrichter, und zwar aus der Mitte der Reichsstände, zu ernennen. Das Privileg der Wildfänge sei ein Teil der kaiserlichen Investitur, und darüber entstandene Streitigkeiten gehörten nach den Lehens- wie nach den gemeinen Rechten vor keinen andern Richter als vor den Kaiser. Die Interpretation des westfälischen Friedens könne er unter keinen Umständen dem Auslande gestatten, es würde sonst ein Präcedenzfall geschaffen, der die schlimmsten Folgen haben müsse und den Fremden Thür und Thor ins Reich öffne⁴).

Karl Ludwig gab hierauf eine ausführliche Rechtfertigung seines Vorgehens in die Öffentlichkeit⁵). Ein Vasall könne in solchem Falle.

---

¹) Dat. Heidelbergae die 19. Jan. Anno 1666. Diar. Eur. XII. Append. p. 347 ff.

²) Dat. In Arce Nostra Holmensi die Martii anno 1666. Mü. Geh. St. A. K. rot 32/c 2.
Dat. Versailles le 6 avril 1666. Mü. Geh. St. A. K. rot 32/c.

³) Dat. Wien, 10. Febr. 1666. Bbg. A. S. V. K. 52 F. 1. fol. 329/330.

⁴) Vgl. über die Stimmung in Wien eine Nachricht von dort, dat. 18. Febr. 1666 (Bbg. A., a. a. O.): „Ihre Kayſ. May. ſeint über die maaßen disgustirt wegen der acceptirten Arbitros ... J. K. M. ſeint geſonnen zu proteſtiren, vndt daß werckh unverſchiedtlich zu communiciren, was Chur Brandenburg dazu ſagen wirdt, iſt nicht zu gedenkhen; daß J. K. M. Obmann ſein ſolle, haltet man vor eine illusion, dann ſo Arbitri einig, hat der Obmann nichts zu thun, weiß nicht, ob man Frankreich ſo hoch conſideriren, vndt den Kayſer auff die ſeithen ſetzen ſolle...."

⁵) Diar. Eur. XIII. Append., p. 707.

auch ohne Zustimmung seines Lehensherrn die ordentlichen Richter anrufen. Diese seien hier die ausländischen Kronen, deren Wahl zu Schiedsrichtern weder im gemeinen Recht noch in den Reichssatzungen verboten sei, mit denen der westfälische Friede sogar Bündnisse abzuschließen gestatte. Sie hätten das Instr. Pac. mit geschaffen, müßten also am besten wissen, wie es auszulegen sei. Kurpfalz habe trotz aller Bemühungen weder zu dem Forum Ordinarium Austregarum gelangen noch vom Kaiser irgend einen Beistand in seinem Rechte erhalten können.

Bei dem großen Übergewicht der Gegenpartei habe er „notwendig auff dergleichen Arbitros bedacht seyn müssen, welche dem Gegentheil auff Erfolge des Spruchs die Stang halten, und sie sowohl der Execution als Guarantie umb so viel desto mehr versichern könnten"[1]. Hätte er andere Schiedsrichter gewählt, so hätte sich die Gegenpartei wahrscheinlich für die beiden fremden Kronen entschieden oder doch bei ihrem nahen Verhältnis zu Frankreich sich dessen Unterstützung gegen Kurpfalz bedient.

Der Kurfürst von Mainz wie der Kaiser suchten übrigens den Compromiß überhaupt wieder zu vereiteln, der beiden unbequem war[2]. Der Kaiser erbot sich sogar aus eigenen Mitteln noch 50—60.000 Rth. zur Ausgleichssumme beizusteuern, wenn diese zu niedrig sei. Von Wien erging die Weisung, man solle alles thun, was man könne, den Compromiß zu vermeiden. Auch in Stockholm[3] wurde man bedenklich dagegen, schien doch der Compromiß geeignet Frankreichs deutsche Politik wesentlich zu fördern.

Allein Karl Ludwig war jetzt weniger denn je zum Nachgeben geneigt[3]. Und ebenso entschieden wie diese Zumutung vom Compromiß abzustehen wies er auch die Forderung zurück mit seinen

---

[1] Vgl. o. S. 32.

[2] Schreiben des Habbäus an Karl Ludwig, dat. Frankfurt, 20. März 1666. K. GLA. Pf. Gen. 6580.

[3] Schreiben Karl Ludwigs an Habbäus (K. GLA. Pf. Gen. 6580): „Ich sehe gar wohl, daß man auch zu Mainz gern ohne den Compromiß were, weiln es auch denen zu Wien nit gefället, aber wo der eine weg nit zu wandlen ist, da muß man wohl den andern nehmen, solte es auch schon durch pfützen und sträucher gehen."

Gegnern insgesamt über ihre Beschwerden und Ansprüche zu verhandeln. Es war allerdings nötig zur Vorbereitung der Compromißberatungen auf beiden Seiten über diese Punkte Klarheit zu gewinnen. Karl Ludwig war auch bereit dazu, nur wollte er mit jedem einzelnen Gravirten sich verständigen und nicht sich „durch die Menge der Interessenten iniquas conditiones aufbürden" lassen. Dem schwedischen Residenten gegenüber, der stark nach der mainzischen Seite neigte, äußerte er[1]), „er habe große Ursach sich vor aller Welt zu beschweren, daß man ihn mit dergleichen foederibus undt gewalt der Waffen nötigen wolle, auch einem jeden particulieren einzuräumen undt nachzugeben, waß man ihm gleichwie gebotß weiß anbictiret, wolle auch lieber alles über sich ergehen laßen waß Gott schicken kann, alß sich auf solche weiße selbst herabzuegeben."

Die Verbündeten mußten sich schließlich fügen, und anfangs April traten die mainzischen und pfälzischen Abgeordneten zu einer Conferenz in Worms zusammen, die aber trotz ihrer langen Dauer völlig resultatlos verlief[2]). Inzwischen hatte Karl Ludwig die Suspension des Wildfangsrechtes aufgehoben nach Ablauf der festgesetzten sechs Monate. Dies gab wieder Anlaß zu Thätlichkeiten; und die unglücklichen Einwohner mußten aufs neue die Folgen eines erbitterten Raubkrieges mehr als ein halbes Jahr lang über sich ergehen lassen.

Umsonst waren alle ihre Beschwerden, umsonst auch die In-

---

[1]) Habbäus' Schreiben an Johann Philipp, dat. Frankfurt, 26. März 1666. (K. GLA. Pf. Gen. 6580). Vgl. auch Schreiben Karl Ludwigs an Habbäus, dat. Heidelberg, 24. März 1666 (ebenda): „Viel weniger daß die gedachte Cron (Schweden) gut finden werde, daß die praetendirt gravirte durch dergleichen, nur zur verzögerung der Tractaten angesehene propositiones Sich des Vortheils und praetexts gebrauchen in Jhren Usurpationen gegen mich sowohl alß gegen Ihre Mitt Stände sich festzusetzen und unter dem Vorwandt einiges Boni publici, so etwann zehen oder zwanzig Tausend Gulden des Jahrs beträgt, sich undt die Jhrige durch den Vortheil, so die Collecten (=jährliche Auflagen) von etlich Hundert Tausend |: wie genugsam bewußt :| mit sich bringen, zu bereichern, und dadurch Ihre Mitt Stände, die größtentheilß am wenigsten dabey interessiret, in Unkosten und Schaden zu setzen." Vgl. S. 23, Anm. 1.

[2]) Protokoll der zu Wormbs gepflogenen guetlichen Conferenz. Wzbg. A. Mainz. Corrib. VIII. 68; ferner: ebenda, VIII. 67. 63.

hibitionsdekrete des Kaisers. Die Feindseligkeiten dauerten fort, selbst als die fremden Friedensvermittler, die französischen und schwedischen Gesandten, eingetroffen waren. Auf beiden Seiten wurde in Wort und Schrift debattirt. Mainz gab Rechtfertigungsschreiben an befreundete Höfe hinaus, und Karl Ludwig appellirte an die öffentliche Meinung im Reiche, indem er seine „Assertationes Justitiae Palatinae in po. Wildfangiatus [1])" an die hervorragendsten Fürsten und Städte, auch an die Universität Basel senden ließ und in der „Heidelberger Zeitung" einen Abdruck derselben verfügte [2]).

Als Ort der Schlußverhandlungen war Heilbronn ausersehen, wo der französische Bevollmächtigte Geheimer Staatsrat Courtin und die schwedischen, Geheimer Staatsrat Mövius, Geheimer Hofrat Böckell und Staatssekretär Habbäus Lichtenstein anfangs September sich einfanden. Auf Grund des am 11. November unterzeichneten Compromißvertrags begannen nach genauer Prüfung des von beiden Parteien schriftlich niedergelegten Materials die Beratungen über die entgiltige Entscheidung, welche am 17. Februar 1667 in dem „Laudum Heilbronnense" [3]) verkündigt wurde. Sie lautete wesentlich zu Gunsten des Kurfürsten von der Pfalz — ein überraschender, wenn auch nicht völlig unvermuteter Ausgang. Die politische Lage hatte sich in letzter Zeit verändert. Wenn Karl Ludwig noch vor einem Jahr für den Erfolg seiner Sache bange sein mochte wegen der engen Beziehungen seiner Gegner zu Frankreich, so hatten sich inzwischen die Verhältnisse sehr zu seinem Vorteil verschoben. Johann Philipp erfreute sich nicht mehr der vollen Sympathie „des allerchristlichsten Königs", seitdem er seine Abneigung gegen eine Erneuerung des Rheinbundes kundgegeben hatte. Da mußte für Ludwig die Gelegenheit sehr willkommen sein den Erzbischof, der ihm die Erfüllung eines Lieblingswunsches vereitelt hatte, seine Ungnade fühlen zu lassen [4]). Spricht auch aus

---

[1]) Diar. Eur. XIII. Append., p. 712 ff.
[2]) K. GLA. Pf. Gen. Lbsh. 2827.
[3]) Diar. Eur. XIV. Append., p. 277 ff.
[4]) Vgl. Guhrauer, a. a. O., S. 95 f. Die hier (S. 96) herangezogene Wildfangsache ist völlig unzutreffend dargestellt. Ludwig XIV. hatte sich weder „unberufen zum Schiedsrichter aufgeworfen" noch war Kurpfalz in der

dem Urteil keine Parteilichkeit für Kurpfalz — dazu hatte Frankreich keinen Grund —, so zeigt es doch ebenso wenig eine Unterstützung oder auch nur Berücksichtigung der Wünsche des Kurerzkanzlers und seiner Verbündeten.

Das Wildfangsrecht wird prinzipiell in seinem ganzen Umfang anerkannt und zwar ausdrücklich für die Gebiete, um die es sich im letzten Streite handelte. Für „Wildfänge" werden alle Personen erklärt, die entweder vom Auslande oder aus einem deutschen Staate einwandern, nicht aber diejenigen, welche von einem Ort zum andern im gleichen Gebiete ziehen. Vom pfälzischen Wildfangsrecht sind diejenigen Orte ausgenommen, an denen dasselbe ausdrücklich durch kaiserliches Privileg anderen Herren übertragen worden ist[1]). Von den Personalrechten des Pfalzgrafen auf die Wildfänge sind die Territorialrechte des Landesherrn wohl zu scheiden. Aller diesbezüglichen Ansprüche hat sich jener streng zu enthalten, ausgenommen da, wo sie ihm nach besonderen Verträgen zustehen. In der Durchführung seines Rechtes soll der Kurfürst von der Pfalz, wenn nötig, von der Landesbehörde unterstützt werden.

Auch bezüglich der Zoll- und Geleitsgerechtsame lautete der Spruch nicht ungünstig für Kurpfalz.

So hatte sich der lange Kampf für Karl Ludwig entschieden; der Siegespreis war ihm zugefallen: Der reiche Ertrag seiner alten Rechte.

Mit lauter Freude nahmen die Bewohner der Pfalz und der angrenzenden Lande die Friedensbotschaft auf, die aber auch das Interesse weiterer Kreise erregte. Der Heilbronner Schiedsspruch, ins Deutsche übersetzt, fand große Verbreitung[2]). In Scherz[3])

Sentenz von Heilbronn „zu Entschädigungen gehalten worden." Ebenso wenig begründet ist die Behauptung „im Geheimen reizten die Franzosen den Kurfürsten von der Pfalz zum Widerstande."

[1]) S. o. S. 3, Anm. 4.
[2]) Schreiben der Herzogin Sophie an ihren Bruder, dat Iburg, le 2. d'Avril 1667 (E. Bodemann, a. a. O., S. 117): „Mr. non mari et moy avons leu presentement en Allemand la sentance de vos juges; il trouve, qu' elle est en beaucoup d'endroits comme la Bible."
[3]) Schreiben der Herzogin Sophie an ihren Bruder, dat. Iburg, le 8. de

und Ernst[1]) wurde der Wildfangstreit besungen. Um so geringere Freude herrschte im Lager der Gegenpartei; am wenigsten schien der kriegslustige Herzog von Lothringen bereit sich vom Kampfplatz zurückzuziehen. Die kleinen Plackereien nahmen noch kein Ende; und einzelne Streitigkeiten blieben unzertrennlich von der Ausübung des Wildfangsrechtes, so lange dieses bestand.

Juin 1667 (E. Bodemann, a. a. O., S. 121.): „Nous avous leu aussi le „Wildfang" en burlesque."

[1]) S. Beil. III.

IV.

Der Wildfangstreit in wirtschaftlicher und sozialer Hinsicht.

Die Wildfangsfrage ist in erster Linie eine wirtschaftlich-finanzielle. Dieser Gesichtspunkt bleibt der maßgebende bei allen Streitigkeiten, mögen die Parteien die rechtliche Seite noch so sehr hervorkehren. Wenn auch, wie oben gezeigt, mitunter politische Gegensätze dabei eine hervorragende Rolle spielen, wenn das Wildfangsrecht an sich schon nach seinem Charakter und nach seiner Stellung in der historischen Entwicklung des deutschen Staatsrechtes geradezu zur Opposition herausfordern mußte, so war doch stets die letzte und hauptsächlichste Frage die praktische Geldfrage, die ja wohl schon beim Übergang des kaiserlichen Regals an Kurpfalz entscheidend gewesen ist [1]). Ein volles Verständnis des Wildfangsrechtes, besonders aber des oben geschilderten Wildfangstreites ist darum nicht möglich ohne Kenntnis der dadurch bedingten wirtschaftlichen und sozialen Verhältnisse. Die genauere Darlegung derselben auf Grund des vorhandenen statistischen Materials soll namentlich zeigen, wie sehr es im Interesse der Beteiligten liegen mußte zu dieser seltsamen Rechtsreliquie mit allem Nachdruck Stellung zu nehmen. In Betracht kommen selbstverständlich nur diejenigen kurpfälzischen

---

[1]) S. o. S. 3 f.

Leibeigenen, welche in den sogenannten Außdörfern wohnend zugleich die Unterthanen fremder Territorialherren sind.

Welch hohen Prozentsatz der gesamten Bevölkerung diese ausmachen, läßt nachstehende Tabelle ersehen, die für die Vindiciae zusammengestellt, auch von pfälzischer Seite in ihrer Richtigkeit anerkannt wird [1]).

Territorien	Einwohner	pfälz. Wildfänge	Rest	Zahl der Dörfer
Stift Worms	2722	2674	48	17
Grafschaft Falckenstein (lothr. Lehen)	1512	1253	259	18
Stift Speyer	6565	3936	2629	38
Gebiet der Rheingrafen . .	1771	1335	436	15
Gebiet der freien Reichsritterschaft [2])	4014	3515	499[3])	31
Summe .	16630	12759	3871	119

Wie sich das Verhältnis in den einzelnen Dörfern gestaltet, zeigt beispielsweise folgende Spezifikation der **Grafschaft Falckenstein**:

---

[1]) Vind., p. 211 ff. Just. C. P., p. 558 ff.

[2]) Dabei Partenheim als trierisches, Gerolsheim als straßburgisches Lehen mit inbegriffen.

[3]) Von diesen 499 übrigbleibenden sind kurmainz. Leibeigene 190
fürstl.-speyr. „ 35
pfälz.-simm. „ 22
pfälz.-zweibr. „ 8
gräfl.-sponhm. „ 16
rheingrfl. u. falckenst. „ 32
nassauische „ 1
verbleiben in effectu 195

Dörfer	Einwohner	pfälz. Wildfänge	Rest
Herxheim	98	64	34
Thalheim	94	94	—
Hillesheim	81	81	—
Freymersheim	228	215	13
Groß-Niedesheim	142	138	4
Klein-Niedesheim	134	122	12
Hohensülzen	151	109	42
Ilbesheim	91	34	57
Jogtweiler	38	24	14
Obergeweyler	14	14	—
Kalckofen	28	28	—
Eckelsheim	98	89	9
Biebelsheim	124	97	27
Fürfeld	19	19	—
St. Alban	48	36	12
Gerbach	64	51	13
Fußgomheim	30	30	—
Steinbach	30	8	22
	1512	1253	259

Doch ist dies Verzeichnis nur unvollständig. Nicht berücksichtigt [1]) sind die Gebiete von Mainz, der Grafschaft Nassau, der Grafschaft Sponheim, der Landgrafschaften Hessen-Darmstadt und Hessen-Cassel, der Grafschaft Erbach und einige andere Territorien [2]).

Obige Zusammenstellung ergibt die interessante Thatsache, daß an den unter das Wildfangsprivileg fallenden außerpfälzischen Orten durchschnittlich 76,7% der Bevölkerung Leibeigene des Kurfürsten von der Pfalz sind. Über die Gesamtzahl derselben bieten die amtlichen pfälzischen Berichte [3]) Aufschluß:

---

[1]) Abgesehen von den Lehen der Reichsritterschaft.
[2]) S. o. S. 9.
[3]) Alle folgenden Tabellen finden sich K. GLA. Pf. Gen. Lbsh. 4486.

„Verzeichnus was Chur Pfalz vor Leibeigene Persohnen in der benachbarten Chur-Fürsten und anderer Stände des Reichs Landen und gebieth gegenwärtig sitzen haben:

	Leibeigne in universum	Mann	Weib	Kind
Ambt Boxberg . . .	75	8	19	48
„ Mospach . . .	621	157	134	330
„ Brettheim . . .	385	87	91	207
„ Heydelberg . . .	1154	200	261	693
„ Umbstatt u. Ozberg	63	21	15	27
„ Germersheim . .	5016	1205	1152	2659
„ Neustatt . . .	3678	920	852	1906
„ Altzey	5596	1155	1233	3208
„ Oppenheim . .	465	107	130	228
„ Bacherach . . .	—	—	—	—
Summarum .	17053	3860	3887	9306

Extrahirt per Proto Notarium Velinx den 6. May 1665."

Als während des Wildfangstreites mehrfach über die Ablösung des Rechtes durch eine entsprechende Summe verhandelt wurde, mußten genaue Erhebungen über den Wert der Leibeigenen gepflogen werden. Man ging dabei von der Annahme aus, daß jeder einzelne ein Kapital repräsentire, als dessen Zinsen seine jährlichen Abgaben und Leistungen zu betrachten seien; und zwar werden diese als fünfprozentig angenommen. Da das Verhältnis dauernd geregelt werden soll, so ist bei Berechnung der Ausgleichssumme natürlich das Kapital, d. h. in diesem Falle das Zwanzigfache des Jahresertrags, in Anschlag zu bringen. Die folgende Tabelle, die zunächst nur für die Graffschaft Falckenstein (8. Dez. 1665) zusammengestellt ist, darf auch für die übrigen Gebiete als maßgebend gelten. Sie enthält die Zahlen in hohem und niederem Anschlag.

Herrschaftliche Jura*) in hohem und geringem Anschlag. (Männer)	Hoher			Kapital. Anschlag		Geringer	
	Mann fl. |kr.	Weib fl. |kr.	Kind fl. |kr.	Mann fl. |kr.	Weib fl. |kr.	Kind fl. |kr.
1. Wegen der Leibsbeeth 14 kr. (ger. Anschl. 7 kr.) thut	4|40	8|—		2|20	4|—	
2. Schatzung 8 fl (6 fl.)	160|—	80|—		120|—	60|—	
3. Musterung, raiß, folg, wie wohl die Leibeignen, so hierzu verbunden, jederzeit aufwärttig sein müßen, wird doch vor jedes quartal nur 1 Rth. gerechnet (werden doch nur jedes Jahr 3 Monath und vor jeden 1 fl. 10 kr. gerechnet), thut des Jahrs 6 fl. (3 fl. 30 kr.)	120|—		Ein Kind sine distinctione sexus wird umb ¼ gegen den Mann gehalten.	70|—		wie oben
4. Frohndienste, wo solche ungemessen, monathlich nur 2 (1) tag, also in Einem Jahr 24 (12) tag, à 10 kr. thut 4 (2) fl.	80|—	60|—		40|—	30|—	
5. Haubtrecht, hiebey wird praesupponirt, daß alle 10 Jahre ein Sterbfall beschiehet, da dann das Haubtrecht beiläuffig 20 (10) fl. ertragen mag, thut jährlich 2 (1) fl.	40|—	40|—		20|—	20|—	
6. Pro cessione perpetua dieser und übriger jurium, alß huldigung, bastartfall, ungenoßen, Hagenstoltzen inventationes und Erbtheilung; item Vormund- und Pflegschaften, succession in erbloßen gütern, Rechnungsverhör, Entscheidung ꝛc. welche wegen ihres ungewißen Eintrags in keinen richtigen anschlag gebracht werden können die Halbschied von obigem Capital	202|20	94|—		126|10	57|—	
7. Endlich pro cessione des wildfangs, kraft dessen Chur Pfalz sich nicht allein deren Leibeignen, so jetzt leben und deren, so von jenen posteriren, sondern auch aller anderer fremdder in die sautheylichen örther inskünfftig einziehende wildfänge begibt, das totum von obigen beiden summ.	607|—	282|—				
Summa	1214|—	564|—	303|30	378|30	171|—	94|30

*) Der Einfachheit wegen sind hier die für die Geschlechter einzeln aufgestellten Tabellen zusammengezogen und nur für die Männer die Angaben des Jahresertrags spezifizirt.

Danach ergibt sich als Durchschnittszahl für die Höhe des Kapitals bei einem Manne rund 800 fl., bei einer Frau 365 fl., bei einem Kinde 200 fl., für die Höhe der Zinsen, d. h. des jährlichen Ertrages 40, bezw. 18¼ und 10 fl.

Doch enthält diese zum Zweck der allgemeinen Abschätzung aufgestellte theoretische Berechnung den Gesamtwert der Leibeigenen, also auch den Ertrag nach der blos ideellen Seite, und diesen wiederum nicht nur für die Gegenwart, sondern — da es sich um die bleibende Ablösung handelt — auch für die Zukunft[1]). Es werden alle nach der Theorie des Wildfangsrechtes hier einschlägigen Rechte herangezogen und mit einer sehr allgemeinen Summe taxirt, ohne Rücksicht darauf, ob dieselben in gleicher Weise für alle Leibeigenen und für alle Orte Giltigkeit haben; abgesehen davon, daß sich ihr ganzer Wert nur selten in Zahlen bestimmen läßt. Die feststehenden Einkünfte an Geld und Naturalien werden darum besonders berechnet. Sie umfassen im wesentlichen die Punkte 1., 2. und 5. der Tabelle auf S. 47 und sind aus folgenden Zusammenstellungen ersichtlich:

„Die Utilia allein

Von denen Chpf. leibeignen auch respect. Königsleuthen in die vier Ämbter jenseits Rheins; auch theils zum Ambt Heydelberg und in die Kellerey Stein gehörig, so in der benachbarten Herrschaften Dörffer, nur allein jenseits Rheins gesessen, belauffen sich, ahn capital ohngefehrlich wie folgt:

	Mann	Weib	Kind	fl.	kr.
Wormbs	208	164	381	86.944	25
Speyer	974	928	2037	285.390	48
Falckenstein	331	305	741	162.410	45
Rheingrafen	261	288	785	152.761	10
Adelich Örther . . .	742	714	1841	305.374	—
Summa .	2516	2399	5785	992.881	8

Heydelberg, 8. Dez. 1665."

---

[1]) Punkt 6. u. 7. der Tabelle auf S. 47.

„Die Utilia allein
in der benachbarten Herrschaften Dörffer dißeits Rheins gesessen und in die drei Ämbter Heydelberg, Mospach, Bretten
gehörig:

	Mann	Weib	Kind	fl.	kr.
Wormbs und Würtzburg, resp. gemeinschaftlich	207	219	568	55.860	25
Würtzburg, Dorf Mücken= loch absonderlich	11	11	34	3.133	30
Speyrische Örther	91	107	230	22.869	38
Summa	309	337	832	81.863	33

Heydelberg, 8. Jan. 1665."

Die Gesamtsumme des Kapitals beträgt somit 992.881 fl. 8 kr. + 81.863 fl. 33 kr. = 1,074.744 fl. 41 kr., die der Zinsen (5%) = 53.737 fl. 12 kr. Letztere bezeichnet im großen und ganzen den Jahresertrag des Wildfangsrechtes aus den nichtpfälzischen Orten, soweit er sich überhaupt bestimmen läßt [1]). An ihm partizipiren außer den oben angeführten noch einige besondere Rechte, über deren Wert nachstehende Tabelle Auf-schluß gibt.

„Extract und Verzeichnuß waß Chf. Pfalz angehörige leibeigne im Under Ampt Dirmbstein ahn Schatzung, Holtzgeldt, Regenspurger Reichstags Costen [2]) und Türckensteuer jetziger Zeit vor 4 quartal oder ein gantzes Jahr zur Ampts Kellerey schuldig:

---

[1]) Wie viel davon thatsächlich einging, ist nicht nachgewiesen; nach Maß-gabe der sonstigen Verhältnisse in der Pfalz und gewiß auch anderswo müßte man eine beträchtliche Differenz zwischen den finanziellen Forderungen des Staates und den wirklichen Leistungen der Unterthanen annehmen, ist doch oft ein Ausfall bis zu 33⅓% zu verzeichnen (vgl. Beil. IV. Anm. 2). Allein hier läßt das ganze Auftreten der Beamten mit Bestimmtheit schließen, daß man die Milde und Nachsicht, die man im äußersten Falle wohl an Bürgern des eigenen Landes üben mochte, gegen die Wildfänge auf fremdem Boden nicht kannte. Als sichere Mittel hatten sich Gefängnisstrafe und Exekution längst bewährt.

[2]) Sonst als Legationskosten bezeichnet.

Fautheyl. Ortber	Schatzung		Holzgeldt		Kair. Rgs. Cost.		Türckenst.		Leibeigne
	fl.	kr.	fl.	kr.	fl.	kr.	fl.	kr.	
Bubenheim	51	12	4	16	10	14	13	39	56
Großmittesheimer Fauthey	217	6	18	5	43	25	57	53	?
Gerolzheim	123	20	10	16	24	40	32	53	204
Summa .	391	38	32	38	78	19	104	25	
wirklich bezahlt .	360	56	21	3	72	11	96	14	

Dirmbstein, 12. Juni 1665."

Neben den ständigen baren Einkünften sind die Befugnisse, deren Ertrag schwankend und unbestimmt ist, sehr wohl mit in Anrechnung zu bringen. Wenn sich auch über ihren Wert nähere Anhaltspunkte nicht finden, so darf doch angenommen werden, daß die Schätzung des Kammerdirektors von Wolshoven[1]), der **den Genuß des Wildfangsrechtes auf 60000 Rth. = 90000 fl. im Jahr angibt**, im allgemeinen nicht zu hoch greift.

Wie verhalten sich nun diese Einkünfte zu den gesamten Staatseinnahmen? Die Frage ist von Wichtigkeit. Denn einmal ist eine wirkliche Wertschätzung der genannten Summen, besonders ein Verständnis ihrer Bedeutung für die pfälzische Staatskasse nicht möglich ohne Vergleichung mit dem Gesamtetat des Landes. Wir stellen diesen zusammen aus einem Verzeichnis der Revenuen vom Jahre 1676[2]) (= 241 810 fl. 21 kr.) und einer Liste der Kapitalschatzungssteuern vom Jahre 1680[2]) (= 208 556 fl. 8 kr.). Danach ergibt sich als Gesamteinkommen die Summe von 450 366 fl. 29 kr., aber nur als relatives Gesamteinkommen. Denn die wirkliche Höhe der Staatseinnahmen steht, so weit sie sich abschätzen, nicht aber berechnen läßt, etwa in gleichem Verhältnis zu dieser Summe

---

[1]) Vgl. S. 36, Anm. 1.
[2]) S. Beil. IV. Es müssen hier allerdings zwei verschiedene Jahre zusammengestellt werden, weil die beiden Angaben aus demselben Jahre fehlen. Gleichwohl kann die Summe als allgemeine Durchschnittszahl für die Staatseinnahmen in dieser Periode gelten.

wie beim Wildfangsrecht der von Wolshoven taxirte Wert zu dem baren Jahresertrag; d. h. zu den berechenbaren Einnahmen des Staates treten noch zahlreiche besondere Leistungen der Unterthanen, die in ihrer manigfaltigen Variation eine auch nur annähernde Feststellung im ganzen unmöglich machen. Es kommen darum hier nur die nachweisbar eingegangenen Beträge des Wildfangsrechtes (53737 fl. 12 kr.) in Betracht. Diese machen aber nicht weniger als 12 Prozent der gesamten Staatseinnahmen (im bezeichneten Sinne) aus, sind jedoch bei denselben zum größten Teil noch nicht eingerechnet [1]).

Man sieht, wie sehr es im Interesse des pfälzischen Kurfürsten liegen mußte sein Recht mit allem Nachdruck zu verteidigen [2]).

Eine Untersuchung der einzelnen Posten des Wildfangsertrages — soweit sie in den spärlichen Nachrichten spezifizirt sind — mit Heranziehung der gleichen Posten in der Übersicht über die Staatseinnahmen wird ferner darthun, was von diesen ausschließlich den Wildfängen eigen, und was sie mit den pfälzischen Unterthanen gemeinsam haben. Daraus geht zugleich hervor, in welchen Punkten der Kurfürst von der Pfalz seine Befugnisse als Leibesherr der Wildfänge überschreitet und — was das Wildfangsrecht strikte verbietet — in die ihrer Landesherrn eingreift, indem er ihnen Pflichten abfordert, deren Erfüllung sie seinen Unterthanen vollkommen gleichstellt.

In der erwähnten Berechnung der gesamten Staatseinnahmen (Beil. IV.) findet das Wildfangsrecht abgesehen von den Schatzungssteuern Berücksichtigung unter der Rubrik: „Ambtsgefäll", ferner „Legationskosten", „von erlassenen Leibeigenen" u. a. Die Amtsgefälle begreifen einerseits die Geldeinkünfte der Landschreibereien, andererseits die Naturaleinkünfte der Kellereien in sich. Sie sind es fast ausschließlich, die für den Ertrag des Wildfangsrechtes in den Außdörfern in Betracht kommen. Denn die in der angezogenen Tabelle aufgeführten Zahlen stellen nicht die sämtlichen Einkünfte der kur=

---

[1]) S. u. S. 52.
[2]) Im Wildfangstreit handelte es sich außerdem um finanziell wichtige Zoll- und Geleitsfragen, sowie um die Gefälle von Viernheim aus 20.000 fl. Kapital. Wzbg. A. Mainz. Corrib. VIII. 63.

fürstlichen Ämter bar, sondern nur einen Teil und wahrscheinlich
den geringeren. Über den Verbleib des anderen gibt eine Notiz in
dem „Bericht über die Einkünfte in der Periode 1674—1685[1])"
Aufschluß. „Von dergleichen" — nämlich von „jurisdictions-,
Leibeigenschafts-, Waldungs- und übrigen zufälligen einkünfften" —
heißt es dort, „wie auch den ständigen Geldeinnahmen werden die
Landbedienten besoldet und allein was solchem nach abzug derselben
überbleibt under dem nahmen Amtsgefäll zur Cammer geliefert."

Zur Erhebung der Schatzungssteuern, der Leibsbeeth, des
Frohngeldes, des Abkauffschillings, der Naturalabgaben, wie zur
Einziehung der vakanten Güter war der Pfalzgraf bei Rhein in
seiner staatsrechtlichen Stellung gegenüber den Wildfängen unzweifelhaft berechtigt. Denn darin besteht eben das Wildfangsrecht.
Anders ist es mit der Türkensteuer und den Legationskosten, die
gleichfalls einen Bestandteil des Wildfangsertrags bilden[2]). Beide
sind allgemeine Unterthanensteuern, und zwar nicht etwa blos für
die Pfalz, sondern im ganzen Reiche, so daß gerade in diesen Punkten
die prinzipielle Doppeleigenschaft der Wildfänge als Leibeigene des
Pfalzgrafen und als Unterthanen ihres Landesherrn praktisch zur
Geltung kam. Die Herren der pfälzischen Grenzlande machten, je
mehr sie ihrem Nachbarn sein Vorrecht, auch in den legitimsten
Formen, mißgönnten und bestritten, um so nachdrücklicheren Gebrauch
von ihren landesherrlichen Befugnissen über diesen Teil ihrer Unterthanen. War ihnen aber der pfälzische Beamte unberechtigter Weise
darin schon zuvorgekommen, so hielten sie sich nicht an diesen, bezw.
seine Regierung, sondern an die Unterthanen selbst, denen sie, wie

---

[1]) K. GLA. Pf. Gen. 6137. Nr. 11. VI. Hier findet sich auch (VIII.)
die „Ordentliche Designation was jedem der Ministri, Räthe, Cantzley- und
Landbedienten an Geld, Wein, Früchten, holz und allem andern, es seye wenig
oder viel zu jährlichem Gehalt verordnet," von 2 Jahrgängen:

21841 fl.	Geld	18562 fl.
157 Fuder	Wein	154 Fuder
4930 Mltr.	Korn	4819 Mltr.
5101 „	Haber	5064 „
251 Wägen	Heu	286 Wägen
1000 „	Holz	1000 „

[2]) Vgl. die Tabelle auf S. 50.

wenn nichts geschehen wäre, die Steuern abforderten, die jene schon einmal, allerdings an die falsche Adresse, entrichtet hatten ¹).

Solche Fälle waren nicht vereinzelt. Man hatte sich auf beiden Seiten daran gewöhnt, und es entsprach ganz der Anschauung der Zeit von der Stellung der Leibeigenen in Staat und Gesellschaft, daß man die gegenseitigen Ansprüche nicht unter sich, über das Streitobjekt hinweg, verfocht, sondern auf dieses gierig sich warf, um es gründlich auszubeuten, damit der nachkommende Gegner so wenig als möglich mehr vorfinde.

Unter dem Druck dieser Verhältnisse mußte sich die soziale und wirtschaftliche Lage der Wildfänge äußerst ungünstig gestalten. Zur Illustration derselben mögen einige Beispiele genügen.

Die Aufsuchung der Wildfänge geschah auf ihre eigenen Kosten ²). In manchen Gegenden lagen die Wildfangslasten nicht auf den einzelnen Personen, sondern auf den Ortschaften, die eine Gesamtsumme zu entrichten hatten ohne Rücksicht auf die Zahl der Leibeigenen ³). Darum durfte auch keiner von diesen ohne Zustimmung seiner Genossen den Wohnort wechseln. Es ist klar, daß auf diese Weise mit der Zeit eine sehr ungleiche und ungerechte Belastung der Wildfänge eintrat.

Am schwersten aber hatten sie, wie oben angedeutet, unter den fortwährenden Streitigkeiten um ihre Zuständigkeit zu leiden. Im mainzischen Dorfe Solzheim⁴) werden im Jahre 1589 die pfälzischen Leibeigenen vom Mainzer Amtmann aufgefordert ihre Güter verschätzen zu lassen. Der pfälzische Außfaut untersagt ihnen dies bei strenger Strafe. Als sie trotzdem, von Mainz genötigt, die Steuer bezahlen, müssen ihrer vierzehn in den Brückenturm zu

---

¹) Welche Verwirrung daraus entstand, beweist ein im Jahr 1544 der Mainzer Regierung vorgelegtes sehr umfangreiches Verzeichnis der "Ungehorsamen so sich der Türcken Anlag halber geweigert, umb daß Sie Pfalz oder Reichische Leibeigne." Wzbg. A. Mainz. Corrib. VI.1. 146. 12.

²) Erst im Jahre 1737 wird verordnet, "daß die Aufsuchung der Wildfänge und Leibeigenen in Zweibrücken nicht mehr auf kosten dießer Leuthen, sondern der chf. Hof-Cammer geschehen soll." K. GLA. Pf. Gen. Lbsh. 4307.

³) Wzbg. A. Mainz. Corrib. VIII. 63.

⁴) Ebenda VIII. 146. 147.

Alzey wandern, wo sie lange, bis zu acht Wochen sitzen. Endlich auf energisches Betreiben des Erzbischofs werden sie freigegeben, jedoch gleichzeitig angewiesen die Kosten ihrer Haft (Schloßgeld, Zehrung u. a.) bis zu einer gewissen Zeit zu erlegen. Da sie dies unterlassen, teils aus Unvermögen, teils aus Furcht vor ihrer Regierung, straft sie der pfälzische Beamte mit Verbot ihrer Güter, „darauf nicht zu stehen noch zu gehen." Als sie auch dies mißachten, wiederum auf Anweisung von Mainz hin, nehmen ihnen die pfälzischen Amtsdiener sämtliche Feldfrüchte weg. Nach langen Verhandlungen werden ihnen diese zurückgegeben, wohl auch nicht mehr im besten Zustande, — nur unter der Bedingung, daß sie die Einerntungskosten zurückerstatten!

Die Leute wußten sich nicht mehr zu helfen. Niemand war da, der ihnen Recht verschaffte. Wie gehetztes Wild bargen sie sich vor ihren Bedrängern. Es wird berichtet[1]), daß in den sponheimischen Dörfern Dörr und Seiffersbach die Leibeigenen nur mit Gewalt nach langem Suchen aus ihren Verstecken in Gärten und Wäldern hervorgeholt werden konnten. Sie erklärten, sie würden ihre Schuldigkeit geleistet haben, aber „weill sie ihr Junker, der von Sponheim nicht allein mit ungewöhnlicher Frohn belade, sondern auch mit leib und lebensstraf bedräuete, wann sie sich gutwillig einstellten, müsten sie, wan sie diesseiths auch gestraft werden solten, hauß und hof verlaßen, undt anderswo usenthalt suchen, gestalt ihrer etliche sich bereits umb andere gelegenheit umbgesehen hetten."

Man begreift, mit welchem Jubel diese Leute die Heilbronner Entscheidung, das Ende des Wildfangstreites, begrüßten, schien ihnen doch darin die Gewähr für eine bessere Zukunft zu liegen.

Der Machtspruch Frankreichs und Schwedens hatte eine Gefahr beseitigt, die der hoffnungsreichen Neugestaltung der pfälzischen Lande verhängnisvoll zu werden drohte. Die Möglichkeit gedeihlicher Weiterentwickelung war gegeben. Karl Ludwig verstand sie auszunützen. Bald durfte er den Erfolg seiner sorgsamen Thätigkeit in der vollen Blüte seines Landes sehen. Da kam derselbe, der eben noch im Wildfangstreite so trefflich den Friedensrichter gespielt hatte, „der allerchristlichste König" — und zerstörte die Blüte.

---

[1]) K. GLA. Pf. Gen. Lbsh. 4593.

Beilagen.

Beilage I.*)

Patent, die Wildfänge betreffend.

Wir Carl Ludwig von Gottes gnaden Pfaltzgraf bey Rhein, deß Heiligen Röm: Reichs Ertztruchsaß, undt Churfürst, Hertzog von Bayern, sagen hiemit mäniglichen zu wissen, daß Wir nach erlangter restitution Unserer laude, der Pfaltzgraffschaft bey Rhein, undt darauf angetrettener Regirung Unsere über die leibeigene undt Königsleuth auch andere dergleichen von Röm: Kaisern undt Königen habente und bestettigte privilegia regalia undt übliches herkomen zu exerciren nothwendig sein befunden, befehlen derowegen hiemit Unsern in den Ambtern, biß und genseits Rheins verordneten Ambtleuthen, besonders aber den Auß: undt heuerfauthen, auch andern Dienern kraft dieses gnädigst, solche Unsere Unß undt der Churfl: Pfaltz angehörige, sonderlich außerhalb Unsern landen, under frembter Herrschaft wohnente leibeigene undt Wiltfänge, dem herkomen nach nit nur wider zu erkhunbigen undt einzuholen, sondern auch die darauf habente befug: undt gebürnuß zu erfordern, Ersuchen darauf meniglich Standts gebühr nach freundtlich, günstig undt gnädiglich, man wolle Unsern Ambtleuthen, Dienern, heuer undt andere Fauthen, wo sie sich derowegen, mit Vorzeigung dises Unsers offenen patents gebührend anmelten werden, allen guten Willen, Vorschub undt hielf, damit Wir zu Unserer befugnuß gelangen mögen, erweißen, daß seindt Wir indergleichen fällen, hinwiber frdl. günstig undt gn.

---

*) Wzbg. A. Mainz. Corrib. VIII. 147.

zu erwidern geneigt, die Unßerig aber Volbringen hieran Unſern gnd. willen undt meinung Urkhundtlich Unſerer aigenen händigen Unberſchrifft undt hier für gedruckhten Secret.

Heydelberg, den 23. Januarii. Anno 1651.

Carl Ludwig (L. S.)

Beilage II.*)

„Instruction.

Was unſer Carl Ludwig Pfaltzgrafen, Churfürſten, Vice Hofrichter und Rath auch lieber getreuer Johan Friederich Böckelman der Rechte Doctor bey der zu Baden verſameten Eydgenoßſchaften Geſandten anzubringen und zu verrichten."

1—4.

Verſicherung und Erwartung gegenſeitiger guter Correſpondenz und Freundſchaft. Erklärung des Sachverhaltes. Bitte um Vorſtellung beim Kaiſer und beim König von Frankreich zu gunſten der Pfalz.

5.

„Wan Unſer Abgeordnter dieſes den geſambten Eydgenoßen vorgetragen, ſoll er von den Evangeliſchen Geſandten Einige Deputirte zu einer Conferentz begehren und denſelben à part nachfolgendes repräſentiren: Wie daß wir die gemeine Freund- und Nachtbahrſchaft mit den ſämptlichen Eydgenoßen Unß der special-Freundſchaft, ſo wir bey Werbungen und ſonſten von Ihnen empfangen wohl erinnern, und deswegen ſo wohl, als wegen Einmütigkeit in der Religion Ihnen und den Ihrigen ſonderliche Freundſchaft und guthen Willen Unß zu bezeugen geneugt geweßen und noch mehren; deswegen wir auch dieſes ſonderliche Vertrauen zu

---

*) K. G.L.A. Pf. Gen. Lbſh. 8186.

Ihnen hetten, Sie würden den obgedachten gewalt und das unrecht, so Unß die Geistliche und der Herzog von Lothringen anthun, nicht allein reiflich consideriren und Unß begehrter maßen helfen, sondern auch Ihr absonderliches Interesse bey dieser der Catholisch-Geistlichen und des Herzog von Lottringen coniunction und Armatur in sonderbahre consideration ziehen; da einmahl allem verlauth nach gedachter Geistlichen und des Herzogs von Lottringen dessein dahin gehe, daß Sie nicht nur Unßere leibeigene leuthe, sondern auch was Sie sonsten under ein und anderen nichtigen, alten, Unß gantz unbekandten, zumahl unbefugten prätexten prätendiren; bevorab aber die Geistliche Gütter, und under solchem Vorwand wohl gar Unsere Lande wegnehmen, Unsere Residentz und andere örther dem Herzogen von Lottringen geben, Unsern Chur Printzen in Ihren gewalt bringen, selbigen Catholisch machen und in Summa Unß und die in Unßeren Landen eingeführte Religion gantz underbrücken wollen. Zu dem Ende Er das Hanauische Schreiben, Copey der letzten Zeugen Verhör, und was sonsten hierzu dient, mitnehmen und dieses damit bescheinigen kan, doch daß die Authores nicht bekand werden."

6.

"Hieraus soll Er Ihnen wohl für augen stellen, wie das Evangelische wesen bey solchen coniuncturen in gefahr stehe, und wan die Geistliche am Rhein und der Herzog von Lottringen Meister werden und Unß ruiniren solten, was für gefahr und Unglück den Evangelischen Eydsgenoßen zuwachsen würde; bevorab da Sie wüßen, daß Chur Maintz Ihnen gar nicht hold, und under Ihnen auch Geistliche als der Bischof zu Basel und Apt zu St. Gallen und viel Catholische sind, welche sich dieser geistlichen und lottringischen Confoederation gegen Sie gerne bedienen solten.

Dabei kan Unser abgeordneter die Absurdität und gefährliche Consequentz Unserer Widriger Zusamensetzung wohl deduciren und anzeigen solle, daß Wir bey so gestalten Dingen zu Continuirund stabilirung des hergebrachten Vertrauens Eine nähere Alliantz zwischen Unß und Ihnen ufzurichten; zu dem Ende

Wir auch auf empfangenen Bericht, wan und wo Sie deswegen handeln wollen, die Unßerigen mit genugsamer Vollmacht und Instruction dazu zu schicken erbettig wehren."

7.

„Auch soll er von Ihnen vernehmen, ob Sie nicht rathsam erachten, die Kron Schweden wegen des Stifts Bremen, wie auch Pfalz Neuburg, Herzog zu Wirtemberg, das Hauß Baden, wie auch die Häußer Brandenburg, Braunschweig und Heßen und die Statt Strasburg mit in Bund einzunehmen."

8.

„Und weilen inmittelst periculum in mora, so soll er dasselbe obgemelten Evangelischen Eydsgenoßen Gesandten auch wohl repräsentiren und deswegen in Unserem Nahmen begehren, daß Sie nicht allein Unßer generaliter an die sämptliche Eydgenoßen gethanes Begehren, so viel an Ihnen, befördern, sondern auch für sich à part propter comune Interesse et periculum den Herzog von Lottringen und Bischof von Strasburg durch eine würckliche diversion an dem orth und auf solche weiß, wie es Ihnen am gemächlichsten sein würdt, von Unß abhalten wollen; (welches wie er nur in discurs gegen einen und anderen Vertrauten zu gedenken) dem ansehen nach nicht füglicher geschehen könnte, als wen Sie Sich der Wanzenau, so dem Bistum Strasburg gehörig, aber dem Herzog von Lottringen verpfändet, und am Rhein zwischen Strasburg und Selz wohlgelegen, Impatronirten und so lang in händen behielten, biß Sich der gedachte Herzog und Bischof der Alliantz gegen Unß abgethan und alle Kosten und schaden ersetzet hette."

9.

„Danebens soll Er unsertwegen suchen, daß Sie bey Ihren Principalen befördern wollen, daß dieselbe Unß bey dieser Unserer angelegenheit hundert tausend Reichsthaler vorstrecken und zwey Regimenter jedes in zwey tausent Man und zehen Compagnien, jede compagnie in zwey hundert Man bestehend mit darzugehörigen Officiren, gewehr, Stücken und genugsamer Amunition schicken und sechs Monath lang überlaßen, und was auf gedachter Völker Werbung und Reiß, auch auf besagter Amunition und sonsten für nothwendige Kosten gehen werden, dieselbe an erstgemeldter summ der 100/m Rthlr. abkürtzen und Unß praevia liquidatione verrechnen wollen."

10.

Falls der Zweck nicht bei allen zu erreichen, soll er doch bei einigen angestrebt werden, besonders bei Zürich.

11.

„Wan man von Ihm zu wißen begehrt, was Wir vor ein Underpfand zu geben gemeint sein, soll Er sagen, daß davon hiernegst zu handeln stehe; underbeßen (jedoch nur in discurs gegen Einen und den andern Vertrauten) melden, daß er vermeine, es würde so viel an Kleinobien oder Land sampt leuthen, gerechtsamen und pertinentien versetzt, in specie das **Ampt Germersheim** mit seinen Under-Ämptern, Stätten, Flecken und Dörfern auch Zöllen, Regalien, nutzbahrkeiten und allen gerechtsamen und zugehörungen **Ihnen würklich hypothisirt, auch Schloß und Statt Germersheim, Seltz und Hagenbach zu Ihrer versicherung zu besitzen eingegeben werden.**"

12.

„Damit Sie nicht meinen, als wen Wir gantz ohne freunde stünden, soll Unßer Abgeordneter Ihnen anzeugen, was Schweden, Chur Brandenburg und das Hauß Braunschweig und Lüneburg Sich gegen Unß erbotten, auch waß Neuburg würklich prästirt. Item waß Frankreich versprochen, Unßern Widrigern nicht zu assistiren sondern vielmehr zu suchen, daß die sache in der gütte verglichen werde."

13—15.

Versicherung friedlicher Gesinnung. Mahnung an den Gesandten zu energischer Vertretung seines Auftrages.

Friedrichsburg, den 2. July 1665.

„Waß Vicehofrichter Dr. Böckelman bey seiner ankunft in der Schweiz ferner zu beobachten."

1—4.

Wiederholung obiger Instruktion und besondere Formalitäten.

5.

„Falls Sie wegen der Ehe und Entfernungs Sach anregung thun, Solle er remonstriren, daß J. Chf. Dl. nicht lenger hette mit der Churfürstin leben können, wegen Ihrer gegen J. Chf. Dl. jederzeit bezeugten widerwertigen humorr; Sie seye mit Ihren und Ihrer Freunde gutem Willen von Heidelberg abgereist und man seye annoch mit denselben in gütlichen tractaten wegen der also genante Entfernungs begriffen, und geben Ihro honoris ergo einen Underhalt von Acht tausendt Rth. jährlich; und daß unter großen häußern eine förmliche Ehescheidung schwerlich ohne große offension könne begehrt oder zuwegen gebracht werden; Und waß sonsten die merita Causae anlangt, bäthen J. Chf. Dl. einen Jeden dero Urtheil zu suspendiren, der nicht beiderseits genugsamb gehört und underdeßen glauben, daß J. Chf. Dl. anfangs die Churfürstin etlich Jahr sehr geliebt, viel widerwertiges von derselben gelitten, und nicht ohne erhebliche Uhrsach davon abgegangen wehre."

Friedrichsburg, den 3. July, Anno 1665.

Beilage III.*)

In Causam Palatinam Solemni Duorum Potentissimorum Regum sententia adsertam.

Quae fuerat variis nuper concussa procellis
    Erigitur melior vindice causa Deo
Fluctibus e mediis, duo si modo sydera fulgent,
    Sic venit ad portum saepe carina suum;
Sint coniurati quamvis in classica venti,
    Et socias iungat gens inimica manus.
Haud aliter gemini fulgent, nova sydera, soles
    Queis Rheni placido lux redit alma solo;
Lux felix, et blanda quies, et mitior aura,
    Sartaque sceptrigerae iura vetusta Domus.
I nunc et tricas, Livor, vel inania quaere
    Fulcra, sed o votis quam male fida tuis!
Adspicis aeterna pactorum lege teneri,
    Quod Themis et Regum dextra peregit opus.
                    E. S.
                 (Ezechiel Spanheim.)

Epigramma.

In Laudum pro Causa Palatina pronunciatum a Potentissimorum Galliae, Sueciaeque Regum Legatis.

Quanta Palatinam firmant suffragia Causam,
    Qui Themis alma favet, quam duo sceptra fovent.

---

*) K. GLA. Kraichgauer Ritterschaft Lbsh. 99. II. 1, 4.

Vidimus opponi mitras, arasque, tiarasque,
 Et tamen his aliquid sanctius orbis habet.
Victrix causa Diis placuit! sunt numina Reges,
 Maioresque Aris quis neget esse Deos?*)

R. R.
(Robertus Rochwood.)

Quicunque solis fidit armis, et ferox
 Inane nomen fas, Themidemque iudicat,
Huc videat, et quae tam celsis sint Regibus
 Decreta. Teutonum gens vixunquam tulit
Documenta clariora, quam fragili loco
 Ficti colores stent, ubi iustus arbiter
Momenta causae lance iusta ponderat.

S. P.
(Samuel Pufendorf.)

In Causae Moguntino-Wormatiensis et Confoederatorum Argentinensem I. H. Boeclerum, sutorem ultra crepidam.

Egi, Rota, tuam, pactus duo millia, Caussam,
 Misisti nummos quos mihi? mille, quid est?
Scripsisti parum inquis, et a te perdita caussa est.
 Tanto plus debes, Rota, quod erubui!

---

*) Gebruckt bei Burgold., a. a. O., p. 473.

Beilage IV.*)

Specification, wie hoch das Schaṭungs Capital in hernach benannten Ämtern zu unberschiedenen mahlen geweßen und waß im jahr 1618, da man ⅜/₄ von 100 fl. ¹) gegeben, an Schaṭung eingegangen sey, dazu die schuldige ²) Schaṭung von 1680.

Ämter	1570 fl.	1618 fl.	Schaṭung de ao 1618 fl.	1673 fl.	Schaṭung de ao 1680 fl.	kr.
Amt Heidelberg	1,714.700	2,576.100	19.321	789.500	19.951	4
Stadt Heidelberg	402.400	647.800	4859	229.700	12.721	29
Mosbach	700.000	1,242.600	9320	381.500	3210	30
Borberg	126.000	244.500	1834	110.500	5639	28
Umstatt und Otzberg	195.400	114.500	859	68.900	{ 959 1045	31
Neustatt	—	2,802.800	21.022	745.400	28.513	42
Germersheim	1,072.500	2,065.300	15.740	350.000	3995	24
Altzey	1,998.100	3,688.800	27.666	756.000	36.909	7
Dirmstein	493.808	698.800	5241	147.500	7146	57
Oppenheim	500.300	608.100	4561	131.600	8252	48
Bacherach	437.300	390.400	2928	137.500	5448	58
Caub	48.400	97.000	728	48.100	1829	39
Simmern	—	484.000	3630	171.400	7347	18
Bohlanden	—	174.100	1316	48.000	1988	16
Wolffstein	74.000	71.700	538	30.600	1534	6
Rockenhausen	70.000	129.000	968	36.700	1221	3
Lautern	—	572.000	4290	96.300	3564	33
Stromberg	168.100	343.200	2574	127.600	6325	6
Creutznach	869.300	960.000	7200	159.400	2233	14
Brettheim	656.900	909.200	6894	222.400	8662	43
Summa	(1,527.208)	18,819.900	141.489	4,788.600	208.556	8

---

*) K. GLA. Pf. Gen. 6137 Nr. 7. 8. Diese Tabelle ist teilweise — ohne Beifügung der Schaṭungen in den beiden Jahren — bereits gedruckt bei E. Gothein, die Landstände der Kurpfalz, Ztschr. f. d. Gesch. d. Oberrheins. N. F. Bd. III. S. 76. Ich habe sie vervollständigt wiedergegeben, weil sie so nicht nur, wie E. Gothein bemerkt, „ein interessanter Beleg für die Verwüstung des Nationalkapitals durch den 30jährigen Krieg" ist, sondern auch ein Beweis für die erhöhten Anforderungen des Staates an die bedeutend geschwächte Kapitalskraft des Volkes.

¹) 3½% im Jahre 1680, als ungefähre Durchschnittszahl, berechnet aus dem Kapital von 1673 und der Schaṭung von 1680.
²) Von 208.556 fl. 8 kr. gingen thatsächlich nur 136.926 fl. 10 kr. ein.

Estat Sommaire des toutes revenues.
tant ord. qu' Extraord. de Mr. Electeur Palatin.*)

1675.   1676.

Innahm.	ord. fl.	tr.	extraord. fl.	tr.	ord. fl.	tr.	extraord. fl.	tr.
Auß dem Cabinet	—		—		—		2795	18
Wasserzoll	33.818	7	—		33.820	30	—	
Güldenzoll	5406	13	—		19.382	48	—	
Landzoll	24.957	32	—		40.302	2	—	
Umbgelt	12.849	27	—		16.030	8	—	
Creuzergeld	2371	58	—		13.793	35	—	
Accis geld	21.447	56	—		23.208	38	—	
Weinuflaggeld	1185	30	—		15.857	42	—	
Aggeld	711	—			1223	18	—	
Straffen	—		13.056	29	—		3968	13
Ambtsgefäll	20.103	34	306 (von Confiscationen)	10	25.125	43	—	
Vom Verwalter	600	—	(aus eröffn. Lehen)		600	—	—	
Von verkaufften Lehengüttern	126	57	600	—	—		1650	—
Cantzleytax	562	7	—		439	20	—	
Judengleid	3440	—	—		2580	—	—	
Der Statt Wormbs und Speyer Schirmgeld	622	10	—		622	10	—	
Zollfressl	1726	22	8063	—	4389	33	10.081	39
Von erlassenen Leibeigenen	—		17	30	—		89	—
Aufferlangte Freyheit	157	—	—		142	—	—	
Legations Costen	12.670	54	18	—	13.728	25	—	
Schlagschatz	186	5	—		97	10	—	
Insgemein	—		1731	14	—		1888	9
Summa	142.442	52	23.792	23	221.338	2	20 472	19

                166.235 fl. 15 tr.   241.810 fl. 21 tr.

*) K. GLA. Pf. Gen. 6137 Nr. 5.

Beilage V.

Die hauptsächlichste Litteratur über den Wildfangstreit.

Theatrum Europaeum. IX, X.

Diarium Europaeum, XII, XIII, XIV.

Londorp, Acta publica IX.

Burgoldensis, Discursus juridico-politico-historici 1., p. 452 ff.

J. F. Pfeffinger, Vitriarius illustratus. Gotha 1712—1731. vol. III. p. 903 ff.

J. J. Moser, Kurpfälzisches Staatsrecht. Nürnberg 1737—1754. Art. VII.

J. P. von Ludewig, Gelehrte Anzeigen. Halle 1743—1745. Bd. II., S. 143 ff.

H. Zedler, Großes, vollständiges Universallexikon aller Wissenschaften und Künste. Leipzig-Halle 1748. Bd. 56, unter „Wildfangsrecht."

(L. Wundt), Versuch einer Geschichte des Lebens und der Regierung Karl Ludwigs, Kurfürsten von der Pfalz. Genf 1786, S. 163 f.

L. Häusser, Geschichte der Rheinischen Pfalz. Heidelberg 1845. Bd. II., S. 618 ff.

F. Hirsch, Urkunden und Aktenstücke zur Geschichte des Kurfürsten Friedrich Wilhelm von Brandenburg. Bd. XI., S. 589 ff.

B. Erdmannsdörffer, Deutsche Geschichte vom Westfälischen Frieden bis zum Regierungsantritt Friedrichs des Großen 1648—1740. Berl. 1892. Bd. I., S. 378 ff.

E. Gothein, Bilder aus der Kulturgeschichte der Pfalz nach dem dreißigjährigen Kriege. Bad. Neujahrsbl. V. Karlsruhe 1895, S. 14 f.